KB250338

MINECRAFT

MOJANG

마인크래프트
공식 가이드북 : 생존자들의 비밀노트

MINECRAFT : THE SURVIVORS' BOOK OF SECRETS
First published in Great Britain 2016 by Egmont UK Limited, The Yellow
Building, 1 Nicholas Road, London W11 4AN
Written by Stephanie Milton. Illustrations by Joe McLaren. Designed by Andrea
Philpots. Production by Louis Harvey. Latin provided by Professor Roy Gibson.
Special thanks to Lydia Winters, Owen Hill, Junkboy and Martin Johansson.

This edition is published by arrangement with Egmont UK Limited through
Kids Mind Agency, Korea.

MOJANG

1판 1쇄 2016년 9월 10일
1판 3쇄 2018년 1월 30일

ISBN 978-89-314-5316-4

발행인 김길수
발행처 (주)영진닷컴
주 소 서울특별시 금천구 가산디지털2로 123 월드메르디앙벤처센터 2차 10층 1016호
등 록 2007. 4. 27. 제16-4189호

Staff
번역 김성원 / 진행 김태경 / 편집 지화경

MINECRAFT

◯ MOJANG

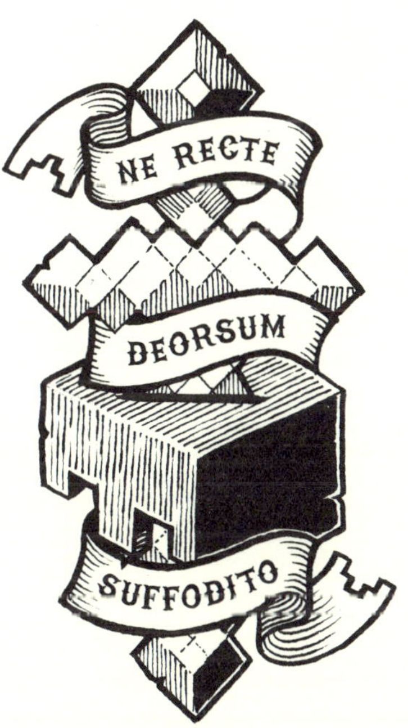

마인크래프트 공식 가이드북

생존자들의 비밀노트

목차

소개   7

지침   8

재래식 무기와 갑옷 - 생존 전문가의 필수 요소   10

실용적인 재료 - 적당한 무기가 없을 때의 대처법   12

무기 사용과 배치   14

집 앞에서의 전투   17

기지 설계   18

외곽 방어 - 영역 지키기   24

궁극의 방어 시스템   30

방어 기능   32

기지의 구조   36

방어망이 뚫린다면   42

필드에서의 전투   47

오버월드를 제패하자   48

적에 대해 알아보자 - 적대적 몬스터   50

플레이어 대 플레이어 전투 - 공격 전략   64

승리의 콤보   68

플레이어 대 플레이어 전투 - 방어 전략   74

이계 지배하기   76

세임 끝내기   82

엔드 탐험   86

난이도 높은 도전 - 빨리 게임 클리어하기   88

기록장   **93**

마지막 노트   94

<u>소개</u>

SEMPER
PARATUS

항상 준비된 상태로

이 책은 우리 생존자들의 지식을 모은 것입니다.

생존자들이 누구냐고요? 우리는 일찍이 알파 시절부터 존재해온 생존의 달인들로 구성된 은밀한 조직입니다. 목적이 뭐냐고요? 적이나 적대적인 몹을 처리하기 위한 새로운 전략을 찾아내는 것, 다른 사람들 보다 더 오랫동안 살아남는 것, 그리고 최고가 되는 것입니다.

여러분은 우리에 대해 들어본 적이 없을 테니 의아해할 수 있습니다. 그것은 우리가 외부에 드러나기를 바라지 않기 때문입니다. 우리는 비밀 작전의 전문가입니다. '눈속임'은 우리의 주특기 입니다. 우리가 필요하다고 생각하지 않는 한, 당신은 우리를 볼 수 없습니다.

우리의 활동은 위협을 제거하고, 잠재적인 새로운 정착지를 탐색하고, 기지를 구축하며, 대규모 무기 생산, 군수 훈련, 백병전, 집단에 대한 급습까지 다양합니다. 이것은 우리 활동의 일부에 지나지 않습니다.

우리의 성과는 매우 화려합니다. 오버월드의 몬스터들과의 전투를 치르고, 반대파를 처리하고, 네더 내 기지를 구축하고, 수차례 엔더 드래곤을 물리쳤습니다.

주변에서는 생존자들을 규합하고 규합된 멤버들의 리더인 나를 대장이라고 부릅니다. 나는 다음 세대에 우리의 지식을 전달할 수 있도록 우리의 경험들을 글로 남깁니다. 이 책에는 우리가 사용한 대부분의 전략과 독창적인 발명품들이 포함되어 있습니다.

우리는 아직 젊지만 젊음을 과신해서는 안됩니다. 블록과 험지 사이에 셀 수 없을 정도로 많이 우리 스스로를 밀어 넣어 항상 관리하고 단련해야 합니다.

우리는 가장 자격을 갖춘 자만이 이 책을 찾을 수 있도록 잘 숨겼기 때문에, 당신이 이 책을 발견했다는 것은 이제 당신도 우리와 같이 될 수 있는 충분한 잠재력을 가지고 있다는 것을 반증합니다. 축하합니다. 당신은 이제 생존을 위한 결정판인 이 책의 자랑스러운 소유자가 되었습니다. 신중히 익히고 수련하여 우리가 그래온 것처럼 오랫동안 살아남기 바랍니다.

The Chief

대장

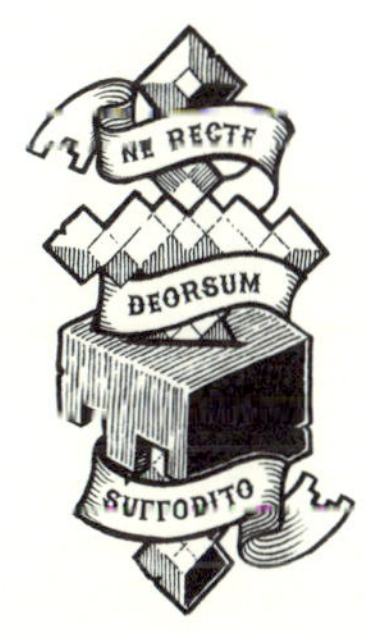

재래식 무기와 갑옷
생존 전문가의 필수 요소

생존을 위한 제 1 원칙 : 최대한 많은 무기를 만드세요. 칼, 활과 화살은 생존 전문가의 필수 요소이며, 그것들을 인챈트하여 더 강하게 만들 수 있습니다.

인챈트

내구성 인챈트로 활과 칼의 수명을 증가시켜 시간과 자원을 절약할 수 있습니다. 또한, 적을 불태우기 위해 검에는 화염 인챈트를, 밀치기 효과를 증가시키기 위해 활에는 밀어내기 인챈트를 권합니다.

화살

많은 사람들이 모르고 있는데, 투시 화살은 매우 유용합니다. 적에게 쏘면 으시시한 외곽선이 생기고, 밝기가 증가하여 쉽게 적의 움직임을 추적할 수 있습니다. 이 화살은 일반 화살 한 개와 발광석 가루로 만듭니다. 이는 네더를 다녀와야 한다는 것을 의미하지만, 어두운 동굴에서 크리퍼를 만나거나 한밤중에 움직이는 자원을 추적할 때 유용할 것입니다.

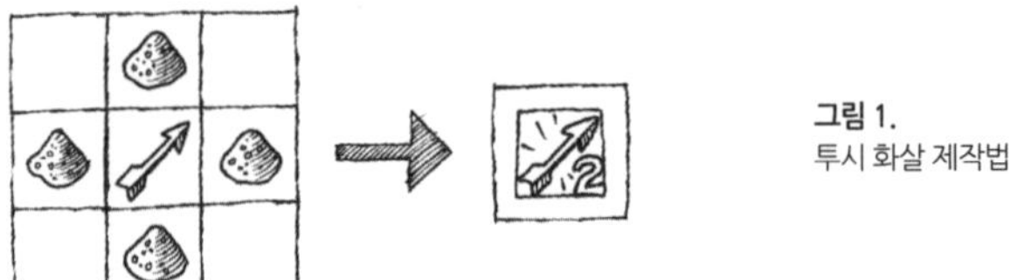

그림 1.
투시 화살 제작법

위해한 물약을 추가하면 데미지를 한층 높일 수 있는데, 이런 방식으로 보다 치명적인 화살이 되도록 업그레이드 하세요. 독, 나약, 고통, 구속의 물약 중에서 선택해 사용할 수 있습니다. 제작 그리드에 8개의 화살과 잔류형 포션으로 조합만 하면 됩니다. 이러한 효과는 최대 3분 동안 지속되므로 기대 이상의 데미지를 가하기에 충분합니다.

갑옷

첫 인상이 중요합니다. 인챈트된 다이아몬드 갑옷의 전체 세트로 무장한 이를 상대해야 한다는 것을 적에게 보여주세요. 이런 갑옷은 단지 최대치의 보호 능력을 제공하는 것을 넘어서, 여러분이 최상의 광물과 지식을 모두 보유하고 있다는 메시지를 상대에게 전달합니다.

자신을 돋보이게 하기 위해 방패를 사용합니다. 방패에 여러분이 좋아하는 문장을 조합하여 새겨 넣는다면 전체적으로 인상적인 분위기를 연출하는데 도움이 됩니다.

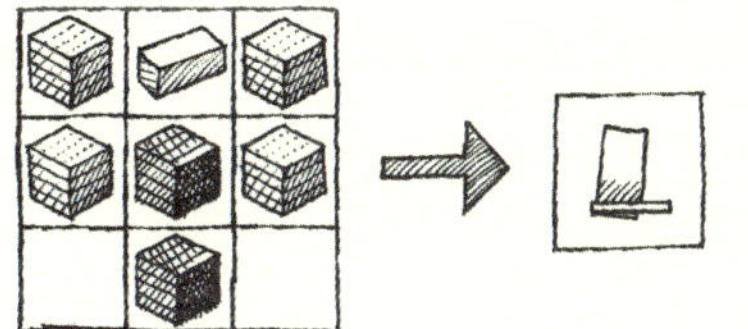

그림 2.
방패 제작법. 철괴 한 개와 나무 목재만 있으면 됩니다.

방패를 쓰게 되면 접근 속도가 느려지지만, 근접 공격의 33%를 감소시키고 발사체로 인한 데미지를 입지 않게 된다는 것을 생각하면 충분히 감수할 만한 가치가 있습니다.

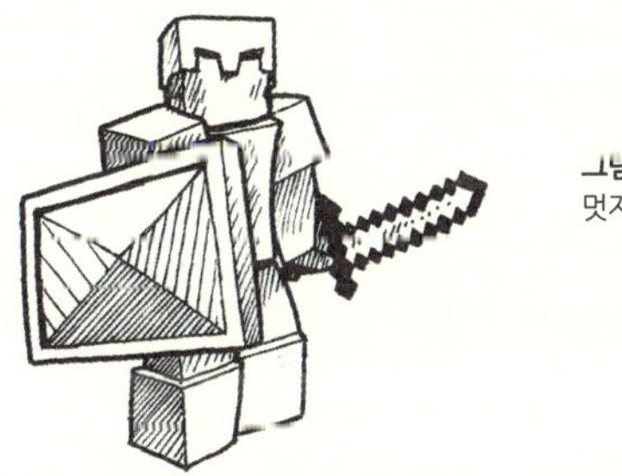

그림 3.
멋지네요.

실용적인 재료
적당한 무기가 없을 때의 대처법

모든 것이 항상 계획대로 되지는 않습니다. 필요할 때 새로운 검을 제작할 수 없거나 화살을 만들지 못하는 상황도 생기게 됩니다. 이럴 때는 여러 가지 실용적인 재료들을 활용하여 여러분의 생명을 구할 수 있습니다. 여기서 여러분의 독창적인 창의력이 필요합니다. 여러분이 처한 환경에서 당장 구할 수 있는 재료를 사용해서 치명적인 무기를 만들어 내야 합니다.

물 양동이

물 양동이 만으로도 여러분의 적을 밀어내고 도망갈 수 있는 귀중한 시간을 벌 수 있습니다.

낚싯대

낚시 중에 기습을 당했나요? 낚싯대로 상대방을 밀친 후, 물고기를 낚듯이 적을 낚아서 낭떠러지나 용암에 떨어뜨려 처리합니다.

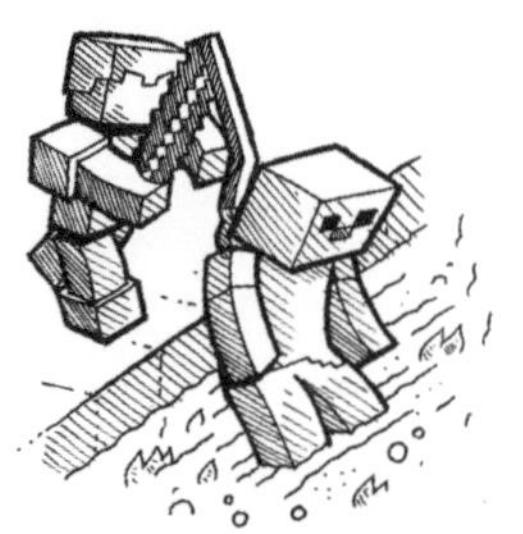

그림 4.
좀비를 처리하기 위한 성공적인 낚싯대 사용법

달걀

무기는 모자라고 식재료는 넘쳐나나요? 그렇가면 달걀을 가지고 적을 밀쳐내는데 사용해 봅시다. 여러분의 인벤토리에 모험 중 달걀을 수집할 수 있도록 빈 슬롯을 마련해 둡시다. 달걀은 뜻하지 않은 곳에서 발견될 수 있으니까요.

눈뭉치

눈 덮인 지역에서는 눈뭉치를 만들어 적을 밀치는데 사용할 수 있습니다. 여러분이 눈 덮인 환경에서 살지 않을 경우라면, 눈을 지속적으로 공급받을 수 있도록 눈 골렘을 만드세요. 여러분의 기지 내 방에 두 개의 눈 블록과 호박 머리로 눈 골렘을 만들어 가두고 눈 골렘이 지나간 곳에 생기는 눈 자국을 수집합니다.

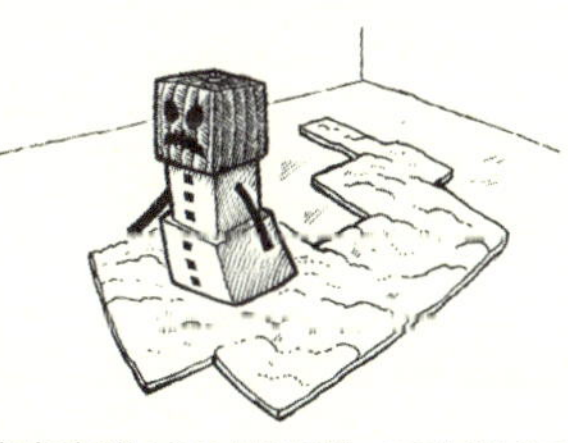

그림 5.
생존자의 비밀 기지에 거주하는 눈 골렘

모래와 자갈

새로운 무기를 만들만한 나무가 없는 사막에 있나요? 쏟아지는 모래 함정으로 방심한 적을 잡으세요. 쏟아 내릴 모래를 떠받치는 모든 블록을 제거해야 합니다(블록 대신 횃불을 사용하여 임시로 막아 둡니다). 여러분이 함정을 설치한 장소로 적을 유인해서 쏟아지는 모래에 파묻히게 합니다. 이 속임수는 모래 대신 자갈로도 할 수 있습니다.

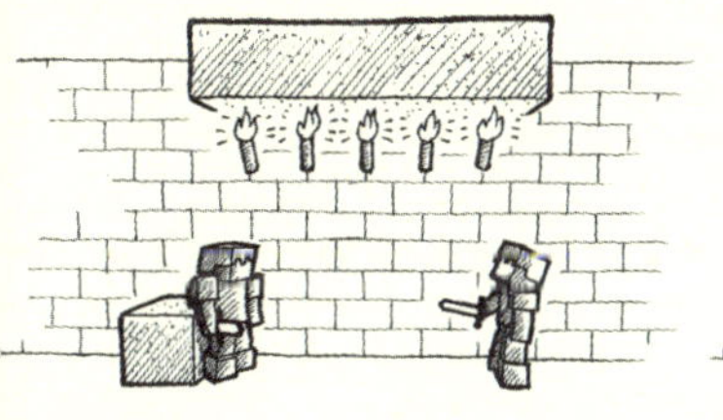

그림 6-1.
횃불로 떠받쳐놓은 막대한 양의 모래 아래로
적을 유인합니다.

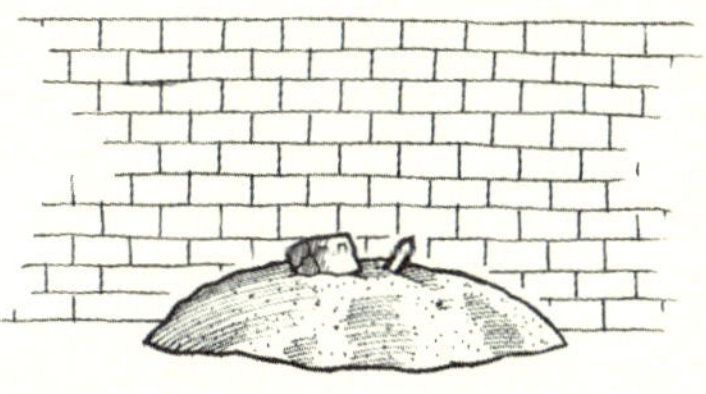

그림 6-2.
횃불이 제거되면, 적은 모래에 파묻힙니다.

만일 여러분이 이런 함정 공격을 당하는 입장이라면, 여러분 머리 옆 블록에 횃불이나 버튼을 놓아 모래가 쏟아지는 것을 막고 숨쉴 공간을 확보하세요.

무기 사용과 배치

한참 전투 중에 허둥지둥 인벤토리를 뒤지거나, 필사적으로 원하는 약물이 위치한 슬롯이 어딘지를 찾는다면 누구에게도 좋은 인상을 줄 수 없습니다. 여러분은 항상 민첩하게 반응해야 합니다.

인벤토리 배치

다음의 인벤토리 배치는 모든 생존자들이 흔히 사용하는 방식입니다. 실전에서 입증된 방식으로 아이템을 찾기 쉽습니다. 아이템을 논리적으로 그룹화하고 항상 인벤토리의 같은 공간에 놓습니다. 가장 중요한 아이템은 우선순위 대로 단축키 슬롯에 배치합니다. 필요한 아이템을 최대한 빨리 선택할 수 있도록 이 배치를 외우세요.

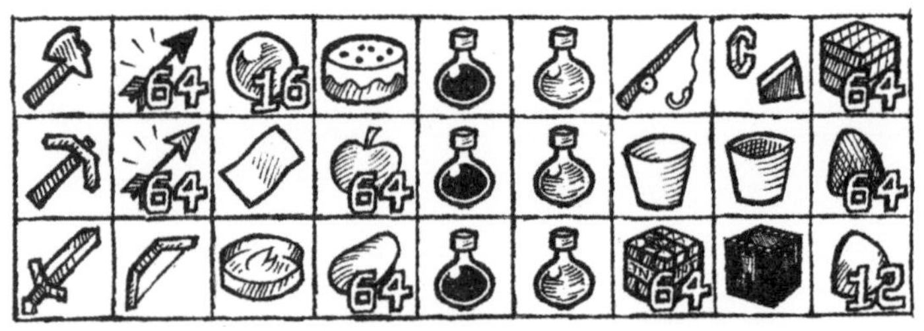

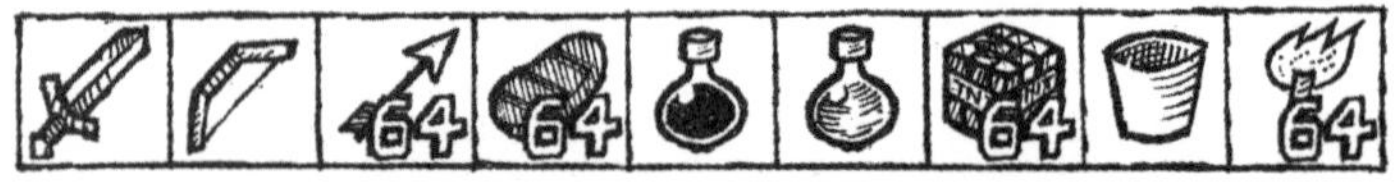

그림 7.
생존자들이 권장하는 최적의
인벤토리 배치

14

엔더 상자

이제, 우리가 개인적으로 가장 선호하는 보관 방식 중 한가지인 엔더 상자를 봅시다. 기지에서 멀리 떠나야 할 때 더 많은 장비를 갖출 수 있는 좋은 방법입니다. 탐험 중에 이 상자를 열면 여러분의 기지에 있는 다른 엔더 상자에 담긴 아이템들을 꺼낼 수 있습니다. 또 높은 폭발 저항성을 가지고 있어서 폭발에도 파손되지 않습니다. 이 상자를 만들기 위해서는 엔더의 눈 한 개와 흑요석이 필요합니다. 매우 비싸지만, 인벤토리의 크기를 두 배로 늘릴 수 있는 효과가 있는 만큼 높은 투자 가치가 있습니다. 기지에서 멀리 떨어진 전략적 위치에 엔더 상자를 배치하거나 어디서나 쓸 수 있도록 엔더 상자를 가지고 다닙니다. 설사 다른 사람이 여러분의 엔더 상자를 발견하너라노 석성하지 마세요. 여러분 본인이 아닌 누구도 상자 내 아이템에 접근할 수 없습니다.

엔더 상자를 부술 때는 곡괭이에 부드러운 손길 인챈트가 되어 있어야 합니다. 그렇지 않으면 흑요석만 돌려받고 엔더의 눈을 잃게 될 것입니다.

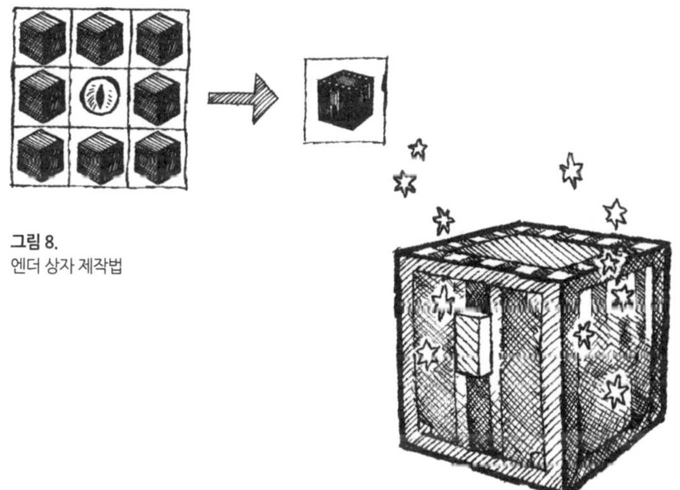

그림 8.
엔더 상자 제작법

집 앞에서의 전투

SI VIS
PACEM
PARA BELLUM

평화를 바란다면 전쟁에 대비하라

기지 설계

여러분이 마인크래프트 세계에서 오랫동안 살아남고자 한다면 작전 수행을 위한 안전한 장소가 있어야 합니다. 그렇다면 어떤 형태의 기지가 좋을까요? 그것은 여러분의 위치와 목적에 따라 다릅니다. 기지는 여러분이 처한 환경에 어울려야 합니다. 여러분이 팀의 일원이라면 더 큰 공간이 필요할 것입니다. 하지만, 침입자들이 쉽게 알아챌 수 있으므로 큰 것이 항상 좋은 것만은 아닙니다.

생각해 볼 수 있는 경우가 많기 때문에 섣불리 결정하지 마세요. 다음의 6가지 기본적인 기지의 유형에 따른 장단점을 보면 비교하는데 도움이 될 것입니다.

1. 지면 위의 기지

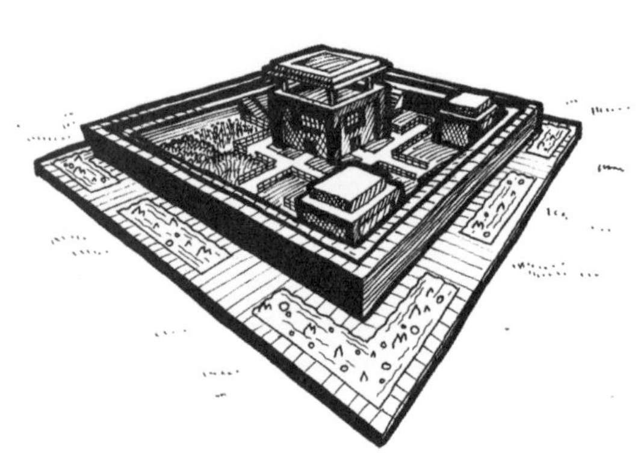

그림 9.
지면 위의
기지.

장점 :
- 지면 위는 기지를 짓기 가장 편리한 장소입니다.
- 여러분이 주변 환경에서 자원을 쉽게 수집할 수 있고, 적의 접근 여부를 볼 수 있습니다.

단점 :
- 적들의 눈에 띄기 쉽습니다.

- 제대로 방어하지 않는 한, 불청객이 접근할 수 있는 다양한 침입 방법에 대처하기
  힘듭니다.

지면 위에 기지를 지을 경우, 최적의 장소는 무난히 자원을 얻을 수 있는 본토에서
가까운 물로 둘러싸인 작은 섬입니다.

2. 나무 위의 기지

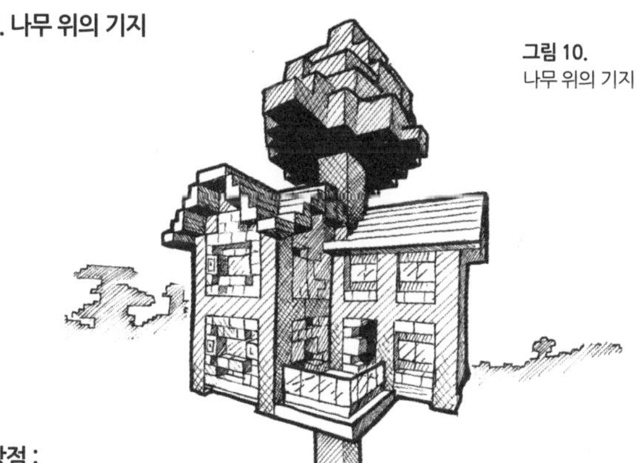

그림 10.
나무 위의 기지

장점 :
- 높은 지역을 점하고 지역의 경관을 내려다 볼 수 있기 때문에 적의 접근을 발견하기
  쉽습니다.
- 지상의 기지보다 적들이 습격하기 어렵습니다.

단점 :
- 적들이 발견하기 매우 쉽습니다.
- 여러분이 드나들기 좀더 어렵습니다.
- 적대적인 몹이 나무 위로 올라오게 된다면 궁지에 몰릴 수 있으며, 다른 플레이어가
  나무에 불을 질러 여러분을 기지 밖으로 나오게 할 수 있습니다.

여러분이 나무 위에 기지를 짓기로 했다면, 가장 높고 큰 나무를 찾으세요(정글
나무가 적합합니다). 큰 나무는 몹들이 여러분을 발견할 가능성이 낮습니다. 비상시
날출 전략늘 가지고 있어야 한다는 것도 명심하세요.

3. 하늘 기지

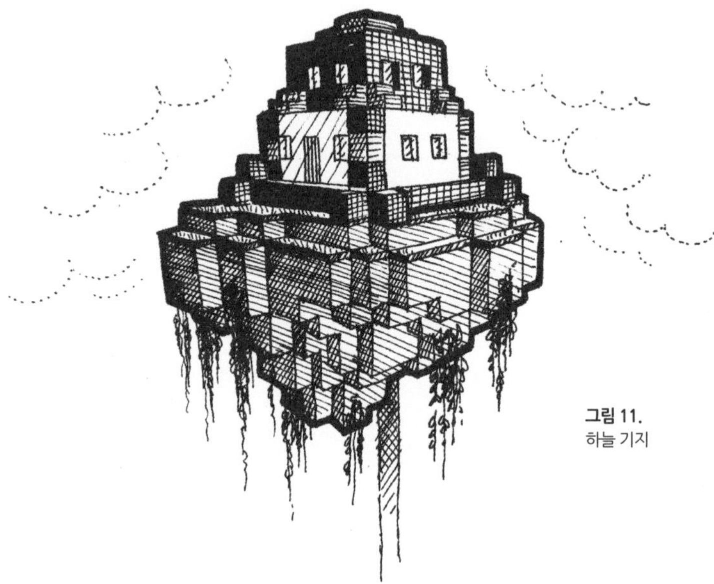

그림 11.
하늘 기지

장점 :
- 높은 위치를 점하게 되며, 출입구 관리만 잘된다면 적들이 여러분을 건드릴 방법이
  거의 없습니다.
- 여러분이 빈번히 공격을 당한다면 이 기지는 적들의 공격을 지연시키거나 완전히
  포기하게 할 수 있어 이상적인 선택입니다.

단점 :
- 여러분이 오르고 내리는 타워를 지어야 하는 등 기지를 구축하기가 어렵고, 시간도
  많이 소요됩니다.
- 유용한 자원을 획득하기 힘듭니다.

하늘 기지를 짓기로 했다면, 높은 나무, 산 혹은 다른 높은 지형으로부터 멀리 떨어진
위치를 선택해야 합니다. 적들은 이런 지형의 이점을 이용하여 기지를 공격할
방법을 찾을 것입니다.

4. 지하 기지

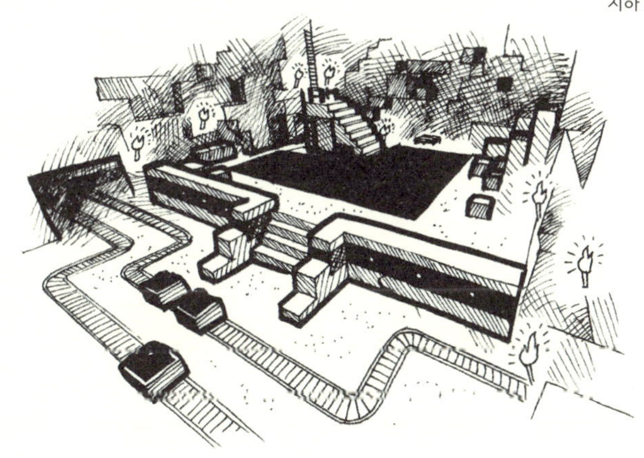

그림 12.
지하 기지

장점:

- 이 기지는 은밀하게 감춰져 있으며 적들이 눈치채지 못하는 한 찾기가 어렵습니다.
- 기지의 위치상 여러분이 채굴에 많은 시간을 쏟게 될 것이기 때문에, 기지를 만들면서 자연스럽게 많은 자원을 수집하게 됩니다(예: 땅 밑에서 가치가 높은 광물을 마음껏 얻을 수 있습니다).
- 지하 맨 아래에 기지를 짓는다면, 여러분의 기지의 바닥으로 기반암 층을 사용할 수 있습니다. 그렇게 되면, 어떤 적도 여러분의 기지 밑으로 터널을 뚫을 수 없게 됩니다.

단점:

- 지상에서 무슨 일이 일어나는지 지켜 보기 힘들고 적들이 다가오는 것을 볼 수 없습니다.
- 이 기지를 만들기 위해서는 많은 양의 채굴을 필요로 합니다.
- 신속하게 지상으로 복귀하기 어렵습니다.

여러분이 지하 기지를 짓기로 했다면, 지상으로의 이동 수단으로 피스톤을 활용해 엘리베이터를 만들어 보세요. 지면에 엘리베이터를 위한 숨겨진 입구를 만듭니다.

5. 바다 위 기지

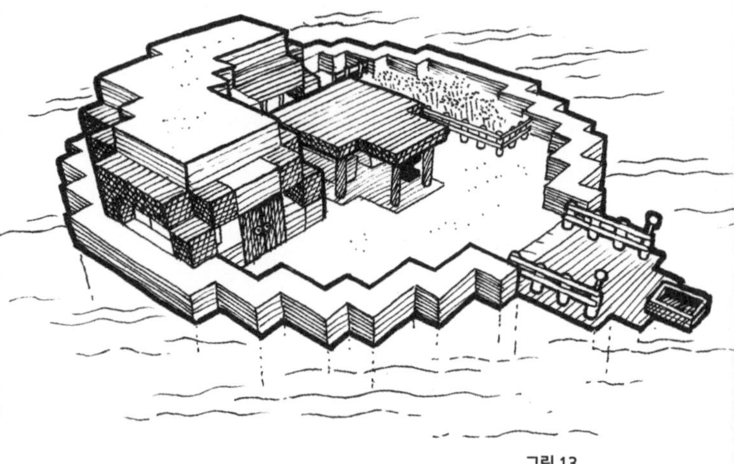

그림 13.
바다 위 기지

장점 :

- 적들이 보트를 가지고 있지 않는 한, 접근이 힘들고 주변을 관찰하기 쉽습니다.
- 바다는 육지에 비해 적대적인 몹으로부터 훨씬 안전합니다.

단점 :

- 자원들과 떨어져 있기 때문에 빈번하게 육지로 나가야 합니다.
- 접근이 쉽지 않습니다.

여러분이 바다 위에 기지를 짓기로 했다면 보트에 투자해야 합니다. 보트는 수영보다 빠르게 육지로 이동시켜 주며, 제작도 간단하고 비용도 쌉니다. 필요한 자원은 목재가 전부입니다.

6. 수중 기지

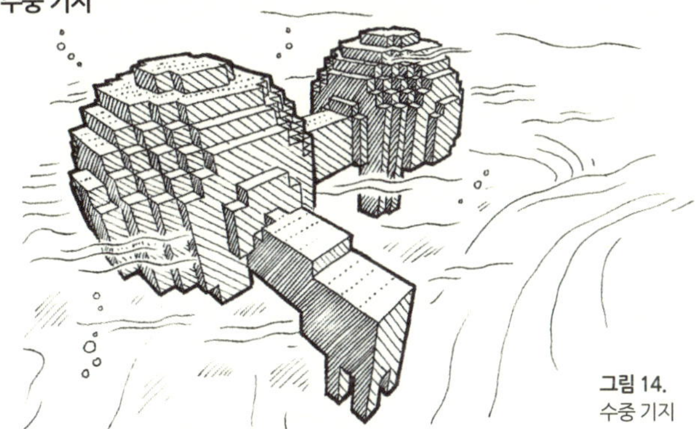

그림 14.
수중 기지

장점 :

- 미행을 당하지 않는 한, 적들이 여러분의 수중 기지를 찾을 가능성은 거의 없습니다.
- 땅을 서식지로 하는 적대적인 몹이 존재하지 않습니다.
- TNT 공격에 영향을 받지 않습니다.

단점 :

- 육지에서 지하 기지로의 터널을 뚫지 않는 한 접근성에 문제가 있으며, 수중 호흡과
  물갈퀴 인챈트에 많은 양의 물약을 투자해야 합니다.

여러분이 수중 기지를 짓기로 했다면, 비상시를 위한 수중 대피소뿐만 아니라
출입을 위한 터널도 지어야 합니다. 거리 계산에 실수하거나 수중 호흡 인챈트를
위한 불약이 떨어졌을 때, 하나의 공기 블록이 여러분의 생명을 구힐 수 있습니다.

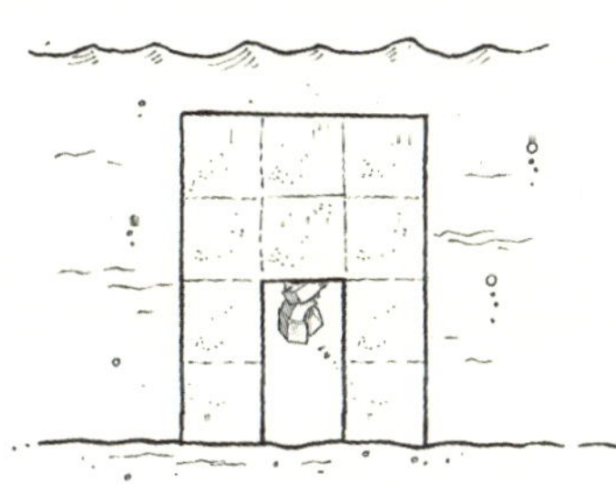

그림 15.
공기 블록을 보관하는 비상 대피소

외곽 방어 - 영역 지키기

디자인과는 별개로, 여러분의 기지는 반갑지 않은 침입자들로부터 튼튼하게 보호되어야 합니다. 불 도랑과 물 해자, 기지 외곽의 외벽과 다양한 내벽을 이용한 방어는 여러분의 영역 내에 있는 모든 것을 지키기에 충분합니다.

불 도랑

네더랙은 한번 불이 붙으면 계속 타기 때문에, 불 도랑의 바닥재로 사용하기에 최고의 블록입니다. 도랑은 적대적인 몹들의 침입을 방지하기 위해 최소 세 블록 이상의 폭을 가져야 합니다.

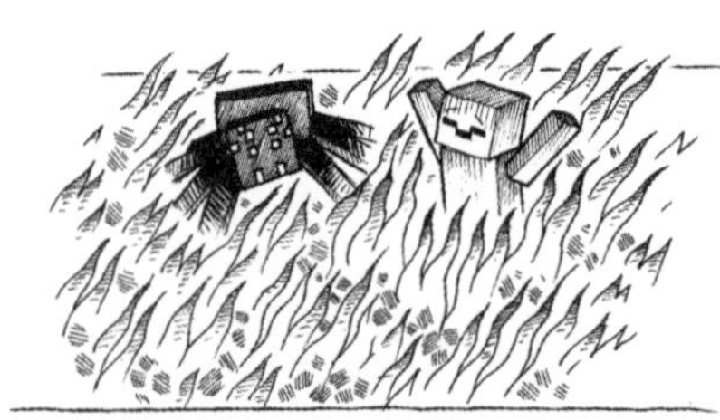

그림 16.
불 도랑. 미안! 나쁜 몹들아

해자 도개교

두 블록 폭의 물 해자 위에 간단한 도개교를 만들기 위해서는 철 함정문을 사용합니다. 아무 생각 없이 함정문을 건너기 위해 올라설 만큼 상대 편 플레이어들이 바보는 아니지만, 적대적인 몹들에게는 이 정도로 충분합니다.

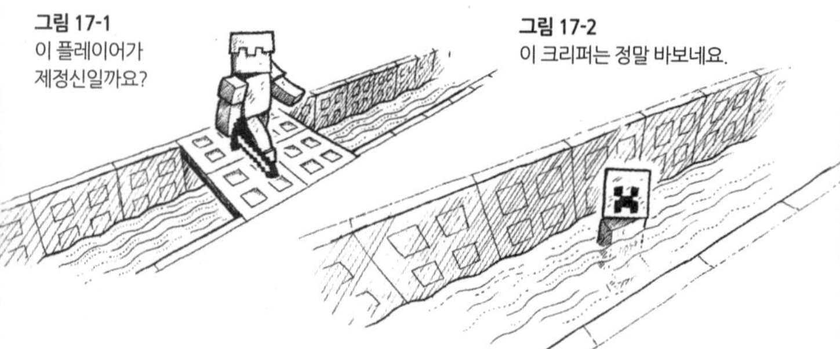

그림 17-1
이 플레이어가
제정신일까요?

그림 17-2
이 크리퍼는 정말 바보네요.

외벽

외벽은 은폐를 제공하고 출입을 통제할 수 있어야 합니다. 주변에 존재하는 적들이 여러분의 영토에 자유롭게 드나들기를 바라진 않을 것입니다. 여러 겹으로 벽을 세우는 것이 가장 좋은 방법입니다. 흑요석과 물로 만든 계층들은 크리퍼 또는 TNT의 폭발을 완충해주는 역할을 합니다. 자갈이나 모래로 벽을 구축하면 구멍을 뚫고 들어오려는 적들이 쉽게 들어올 수 없게 됩니다. 흑요석으로 바닥을 만들면 적들이 벽을 피해 땅 밑으로 터널을 파는 것을 막을 수 있습니다.

돌 벽 사이에 용암 층을 배치합니다. 만일 누군가 벽을 뚫으려고 한다면 치명적인 결과를 맛볼 것입니다.

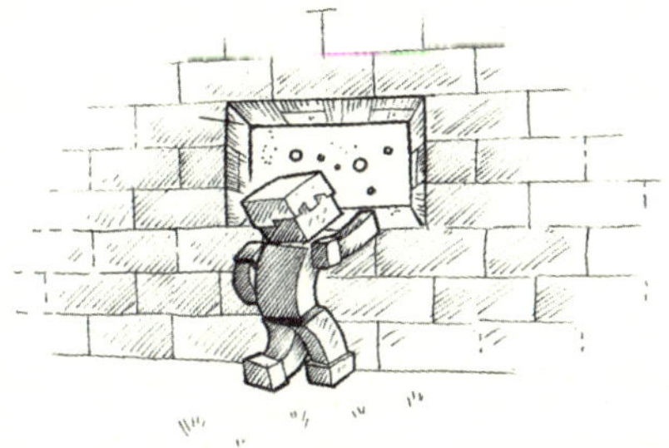

그림 18.
적들이 벽을 뚫는 순간 뜨거운 용암을 뒤집어 쓰게 될 것입니다.

불쑥 튀어나온 돌출부를 만들어 놓으면 거미들이 기어오르는 것을 방지할 수 있습니다. 대피소에 이 기능을 활용해서 돌출부를 유리 블록으로 만들어 태양을 이용하면 좀비와 스켈레톤을 막을 수 있습니다.

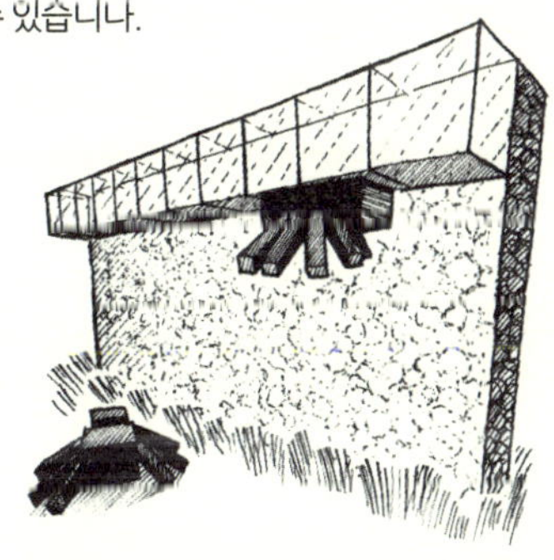

그림 19
유리 돌출부는 거미류뿐만 아니라 그늘을 좋아하는 몹들의 습격을 방지합니다.

골렘을 이용한 방어

외벽의 방어를 위해 철 골렘을 활용하세요. 골렘들을 울타리로 우리를 만들어 그 안에 놓거나 울타리에 붙여 두어 움직임을 제어하면 아무렇게나 돌아다니는 것을 막을 수 있습니다. 이들의 습성은 크리퍼를 제외한 보이는 모든 적대적인 몹들을 파괴하는 것이기 때문에 여러분 편으로 만들어 두면 매우 유용합니다. 간단하게 T자 형태로 4개의 철괴를 쌓고 꼭대기에 호박을 올려두면 만들 수 있습니다.

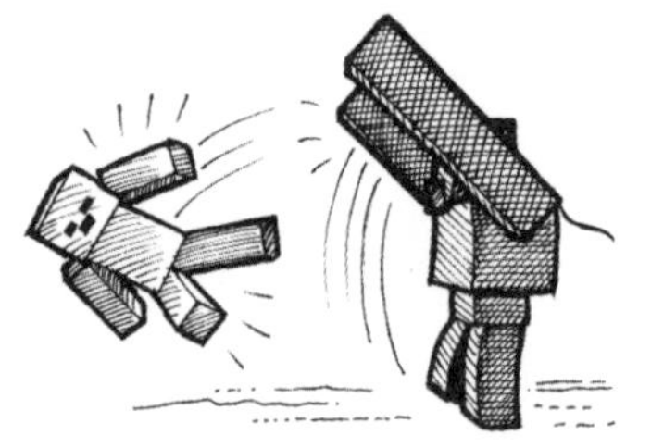

그림 20.
철 골렘 알프레드, 생존자 주민입니다.

외벽을 따라 용암으로 둘러 싸인 포탑에 눈 골렘을 올려 두면 접근하는 몹들에게 눈 덩어리를 던집니다. 여러분을 쫓는 적을 뒤로 밀치거나 주위를 딴 곳으로 돌리게 하는데 충분합니다. 몇몇 몹들은 다가가다 뜨거운 맛을 보여주겠다는 심정으로 용암에 빠져 허우적거릴 수도 있습니다.

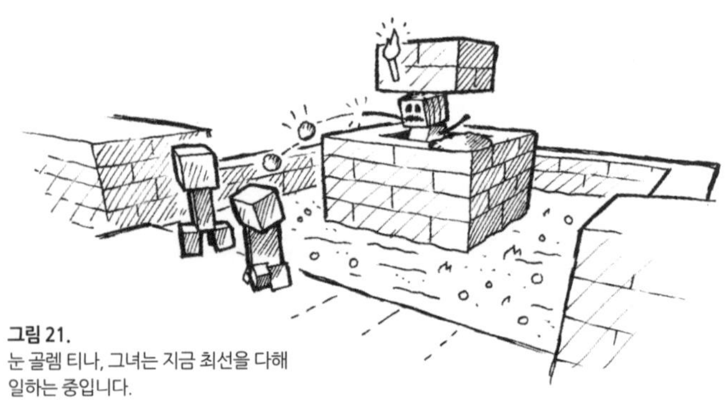

그림 21.
눈 골렘 티나, 그녀는 지금 최선을 다해
일하는 중입니다.

눈 골렘은 사막 정글과 같은 뜨거운 환경에서는 오래 버티지 못하고, 비와 물에 닿으면 즉사한다는 것을 꼭 염두에 두어야 합니다. 각각의 포탑에 지붕을 설치해 두면 도움이 될 것입니다.

마지막 점검

외벽의 주위에 몹들이 벽을 넘을 때 도움을 줄만한 나무, 언덕 같은 것들을 모두 제거해야 합니다.

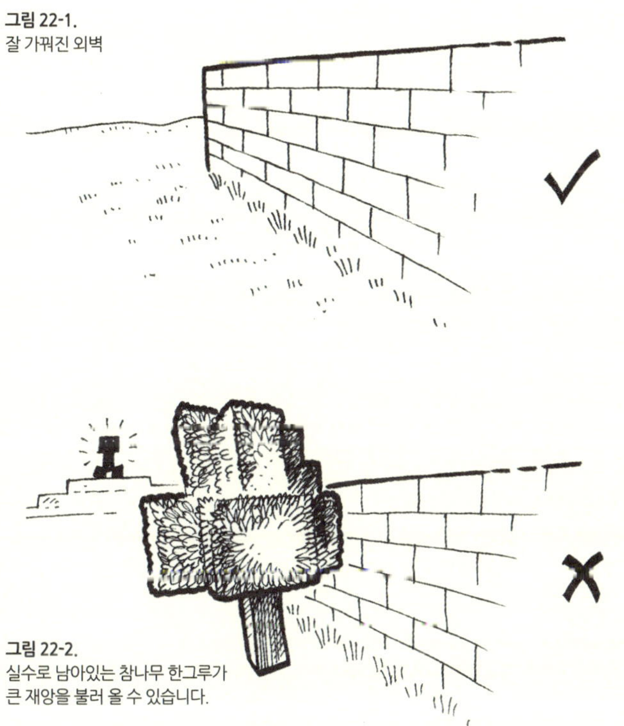

그림 22-1.
잘 가꿔진 외벽

그림 22-2.
실수로 남아있는 참나무 한그루가
큰 재앙을 불러 올 수 있습니다.

내벽 방어

벽에는 사람과 무기를 배치해야 합니다. 망루와 통로는 여러분과 여러분의 동료들이 적들이 주변에 있는지 관찰할 수 있는 플랫폼을 제공합니다. 아주 가까이 접근하는 적들을 쏠 수 있도록 벽에 캐논이나 발사체를 발사할 수 있는 장치들을 만듭니다.

레드스톤, 압력판 그리고 노트 블록을 사용하여 몹들이 문에 접근하면 경보를 울리는 경보 시스템을 만듭니다. 여러분이 크리퍼와 같이 조용한 몹의 접근으로부터 경고를 받을 수 있는 매우 편리한 방법입니다.

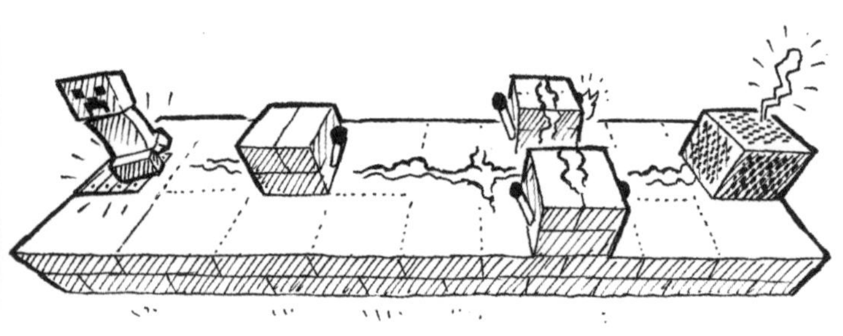

그림 23.
부주의한 크리퍼에 의해 경보 장치가
작동됩니다.

유리창을 통해 여러분을 볼 수 있는 적대적 몹은 거미뿐이기 때문에 바깥의 상황을 관찰할 수 있도록 큰 창문을 만들어도 좋습니다.

적의 통과를 막을 때 몸을 엄폐하여 공격할 수 있도록 문의 한쪽에 울타리를 설치합니다.

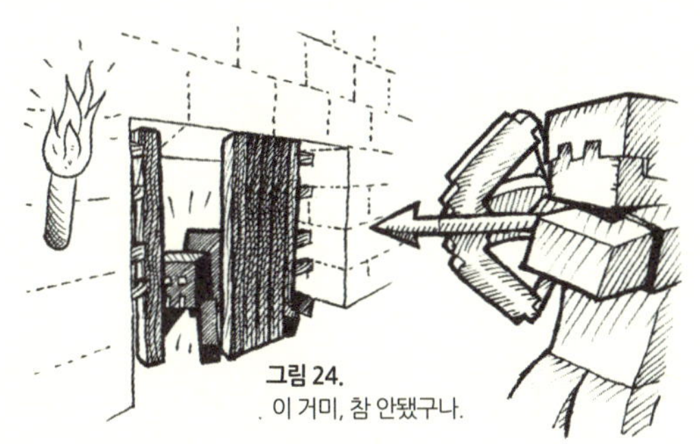

그림 24.

마지막으로...

기지 방어에 빈틈이 없는지 최종적으로 점검하고 확인하세요. 디자인에 너무 많은 시간을 써버리면 방어에 취약한 부분을 간과하기 쉽습니다.

시간과 자원이 허락한다면, 가짜 기지를 만들고 여러분의 실제 기지는 언덕 내에 숨깁니다. 이것은 최소한 어느 정도 상대방의 관심을 돌릴 수 있으므로, 여러분이 다음 일을 하는데 필요한 시간을 벌어 줍니다.

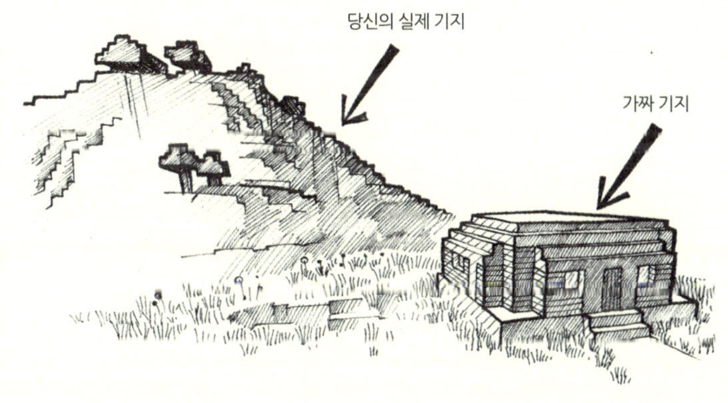

그림 25.
그럴싸한 가짜 기지 설치

지금부터 소개하는 궁극의 방어 시스템은 여러분의 기지를 보호하고 동시에 여러분이 얼마나 똑똑한지를 침입자들에게 보여줄 것입니다. 이것을 시작으로 여러분 자신만의 방어 시스템으로 발전시켜 불법 침입자들로 하여금 여러분의 땅에 발을 디딘 것을 깊이 후회하게 합시다.

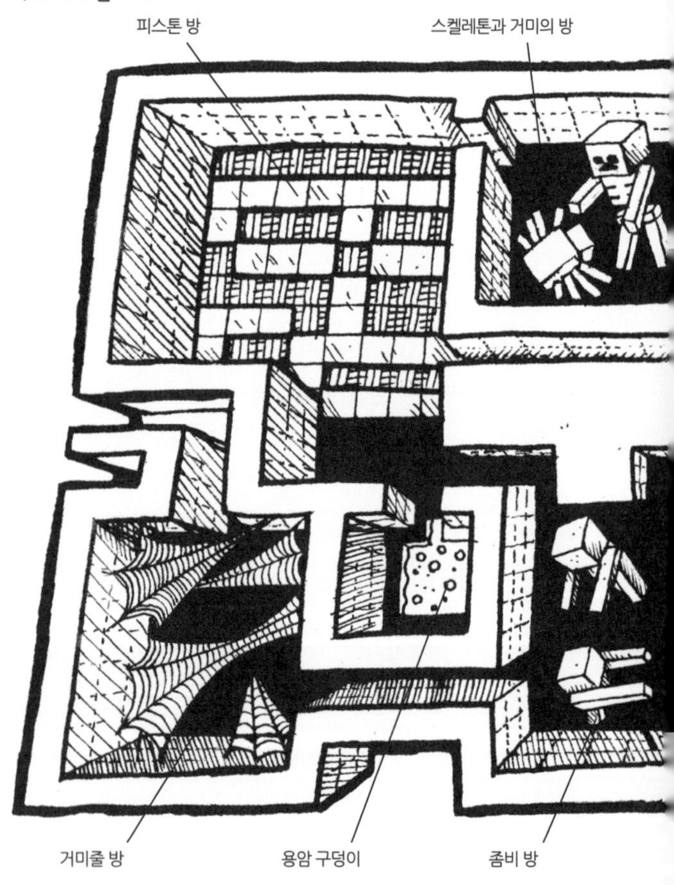

그림 26.
궁극의 방어 시스템

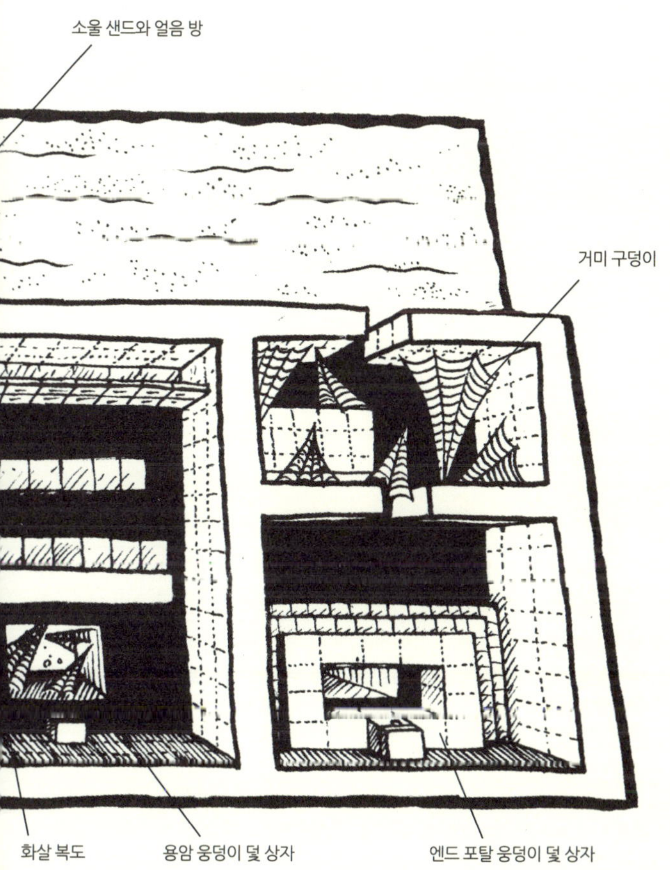
소울 샌드와 얼음 방
거미 구덩이
화살 복도
용암 웅덩이 덫 상자
엔드 포탈 웅덩이 덫 상자

시스템의 기능을 좀더 자세히 들어다 봅시다. 여러분은 우리의 디자인을 그대로 옮기거나 이를 활용하여 여러분 만의 시스템을 가질 수 있을 것입니다. 튼튼한 외벽에 침입자들이 들어올 수 있도록 평범한 문과 레버로 만들어진 것처럼 보이는 유일한 입구를 놓아서, 좁은 복도로 적을 유인합니다. 불행하게도 이것들은 단순한 문과 레버가 아니어서 왼쪽 뒤에 위치한 블록에서 레버를 당기지 않는 한 기지로 들어갈 수 없게 됩니다. 대신 그들은 아주 고통스럽고 굴욕적인 함정들이 놓인 아래층으로 떨어져 돌아오지 못할 길을 떠나게 될 것입니다.

거미줄 방

거미줄로 가득 찬 방은 침입자의 움직임을 거의 제로에 가깝게 느리게 하므로 탈출 시도를 절망적으로 만듭니다.

좀비 방

좁은 공간에 좀비들과 갇힌다면, 침입자가 제 아무리 용자라 해도 매우 당황하게 될 것입니다.

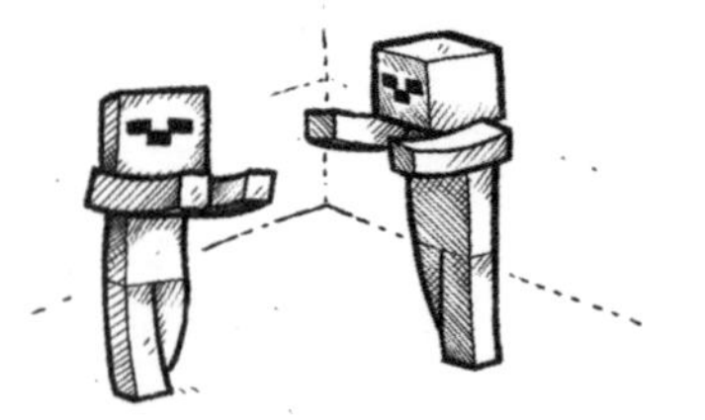

그림 27.
좀비 방

용암 구덩이

민첩한 침입자는 이를 뛰어 넘을 수도 있겠지만, 만일 실패한다면 큰 곤경에 처하게 될 것입니다.

피스톤 방

이 방에 설치된 압력판이 작동하면, 전략적으로 배치한 끈끈이 피스톤에 의해 침입자의 앞길을 막는 블록을 튀어나오도록 활성화될 것입니다. 이런 식으로 상대방은 계속 짜증나는 방해를 받습니다.

스켈레톤과 거미의 방

아무리 잠깐이라도 이 방에서 벌어지는 장면들은 침입자들을 두려움과 불안함에 빠지게 할 것입니다.

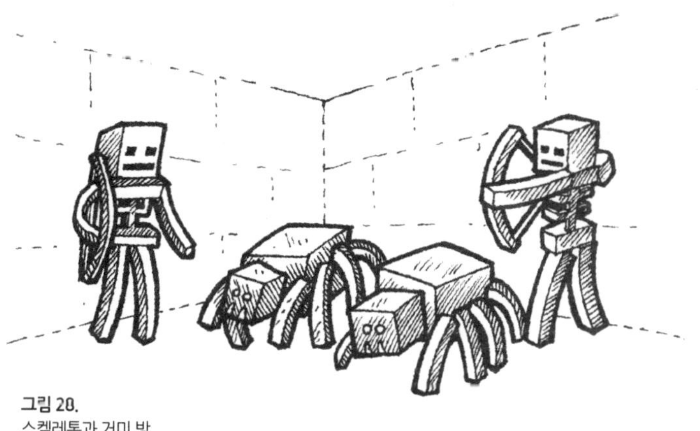

그림 28.
스켈레톤과 거미 방

소울 샌드와 얼음 빙

소울 샌드 아래 얼음을 추가하여 속도가 느려지는 효과를 극적으로 향상시킬 수 있습니다. 이것을 통과하는 동안 상대방은 끔찍하게 느려질 것입니다.

거미 구덩이

여기서 침입자는 한 가지를 선택할 수 있습니다. 구덩이에 가득 찬 거미들과 싸우거나, 거미줄이 뒤덮인 곳을 통과하는 지루하게 느리고 힘든 싸움을 벌이는 것입니다.

화살 복도

만일 달리기에 자신 있다면 이 방을 가로질러 달려서 반대편에 있는 문에 도달할 수 있습니다. 그러나 그들이 움직이는 대로 화살 세례를 받아 남아있는 체력 포인트를 모두 비용으로 지불해야 할 것입니다.

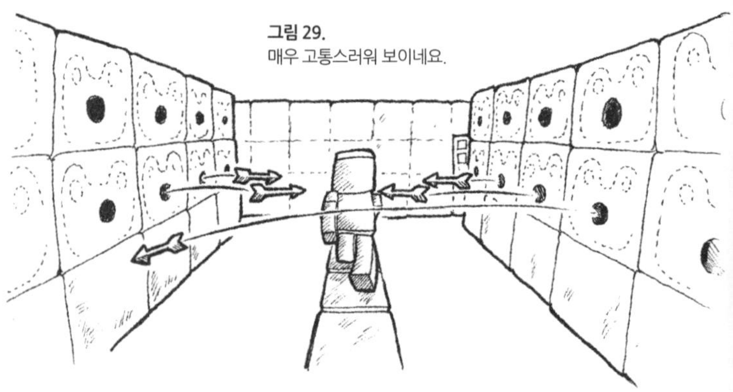

그림 29.
매우 고통스러워 보이네요.

이렇게 반복되는 공격으로 쌓인 효과는 침입자를 상당히 신경쓰이게 할 것입니다. 그리고 이제 점점 하이라이트로 치닫습니다.

용암 웅덩이 덫 상자

침입자들의 탐욕스러운 작은 눈이 이 상자를 보게 되면, 드디어 여러분의 귀중한 재산을 가질 수 있게 되었다고 믿을 것입니다. 그러나 그들의 욕심 많은 손이 뚜껑을 열자마자, 발을 디딘 바닥이 사라지고 용암 구덩이로 떨어지게 됩니다.

엔드 포탈 웅덩이 덫 상자

여러분의 방어 시스템의 하이라이트는(침입자가 용케 용암 웅덩이 덫 상자를
피했다고 가정해보죠.) 상자가 열렸을 때, 침입자의 발 밑 바닥이 젖혀지면서 엔드
포탈로 떨어뜨려 엔드의 세계로 안내하는 또 다른 덫 상자입니다. 그들은 먼저
층층이 쳐진 거미줄을 뚫고 천천히 떨어지면서, 차원 저편에서 기다리는 공포의
무게를 오랫동안 느끼게 될 것입니다.

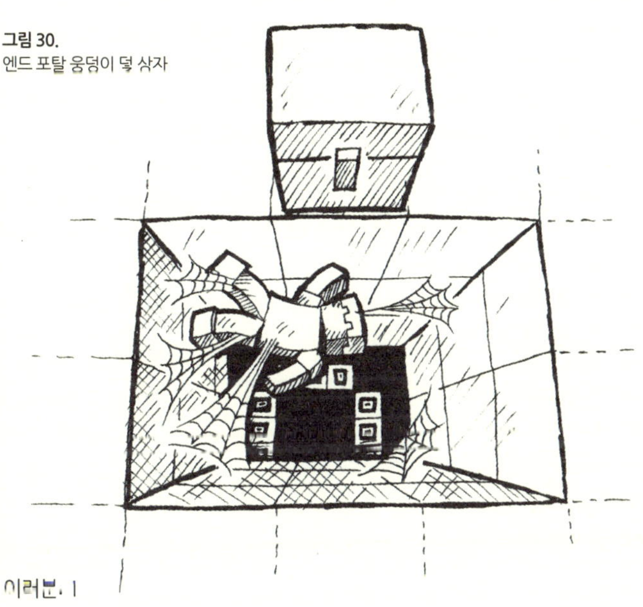

그림 30.
엔드 포탈 웅덩이 덫 상자

이러분: 1
침입자: 0

기지의 구조

지금까지 기지를 구축했지만 아직 준비가 끝난 것은 아닙니다. 이제 내부 구조와 내용에 대해 생각해 볼 시간입니다. 여러분에게 칸막이가 최소화된 생존자들의 기지 설계를 소개할 것입니다. 여러분은 이를 통해 여러 가지 아이디어를 떠올릴 수 있을 것입니다.

무기고와 작업장

한 상자에는 갑옷들을, 다른 상자에는 칼과 활, 화살을, 또 다른 상자에는 눈뭉치와 달걀과 같은 식으로 아이템들을 그룹짓고 이들을 논리적으로 보관하는 것이 가장 기본입니다.

내용을 표시하기 위해 아이템 프레임을 만들고 각각의 상자를 여기에 올려둡니다. 이것은 여러분이 짧은 시간에 필요한 아이템을 꺼내기 쉽게 만들어 줍니다.

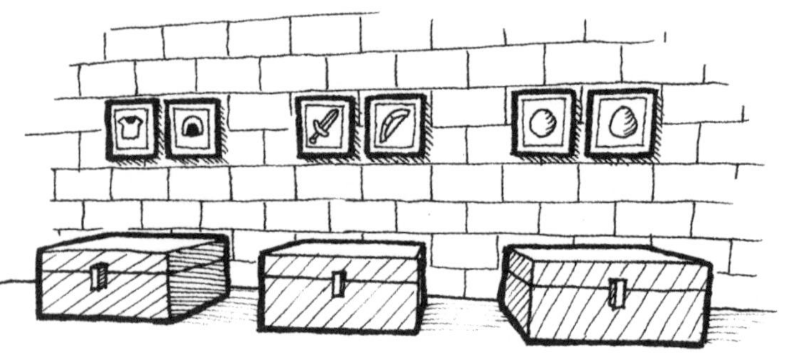

그림 31.
깔끔하게 이름표를 붙인 아이템 상자

물건을 제조하고 제련, 단조 그리고 인챈트할 뿐만 아니라 약물 양조를 위한 작업장 공간을 설치합니다. 여러분이 팀의 일원이라면 작업 테이블, 용광로, 모루, (높은 수준의 인챈트가 가능하도록 책장으로 둘러 싸여진)마법 부여대, 양조기, 가마솥이 여러 개 필요할 것입니다.

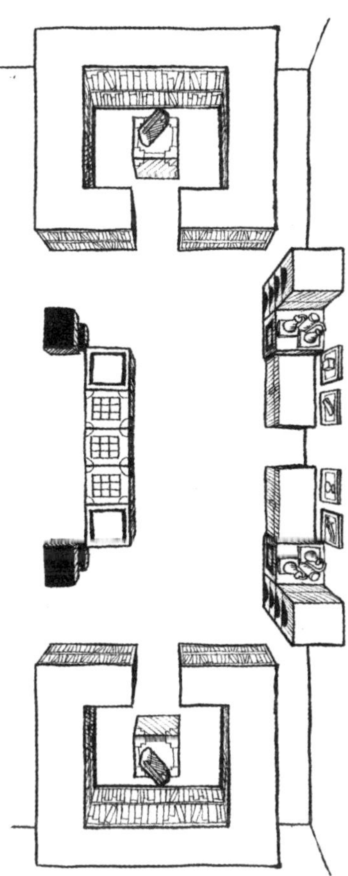

그림 32.
생존자들이 자주 쓰는
작업상의 구조

유용한 신호기

신호기는 지금까지 해본 적이 없는 가장 비싼 투자가 되겠지만, 신호기 하나로 여러분의 기지가 얻는 이점은 엄청납니다. 생존자들의 신호기가 우리의 생명을 살린 적이 한두 번이 아닙니다. 신호기를 피라미드 꼭대기에 올려놓으면 멀리도 볼 수 있는 강력한 광원을 제공할 뿐만 아니라, 근방에 있을 때는 일정 범위에 대해 유용한 상태 효과를 제공합니다.

신호기를 만들기 위해서는 흑요석과 유리뿐만 아니라 네더의 별이 필요한데, 이것은 악명 높은 위더 보스와 대결해야 한다는 것을 의미합니다. 그 전에 먼저 봐야 할 것이 있는데, 위더 공략 방법에 대해서는 62 페이지를 참조하세요.

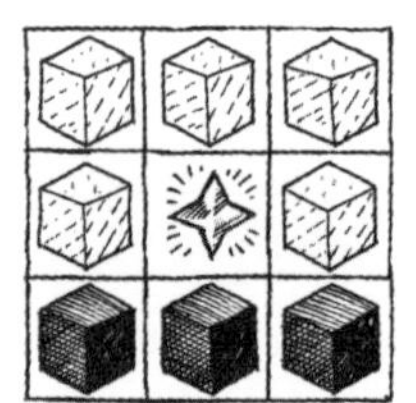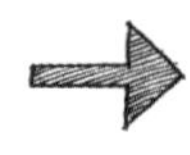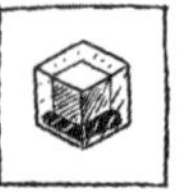

그림 33.
신호기 만드는 법

피라미드는 4가지 단계가 있습니다. 각각 9, 34, 83 또는 164개의 블록을 필요로 합니다. 철, 금, 에메랄드 또는 다이아몬드 블록을 사용하거나, 이들을 섞어서 지을 수도 있으며, 하늘이 훤히 보이는 방해물이 없는 곳에 배치해야 합니다. 또한 철괴, 금괴, 에메랄드 또는 다이아몬드를 공급해야 합니다. 물론, 피라미드를 다이아몬드로 만든다면 인상적이겠지만, 이것은 순전히 겉치레에 불과합니다. 그렇다고 초라한 철 피라미드 보다 좋은 상태 효과를 주는 것도 아닙니다.

그림 34.
1-4 단계 피라미드 구조

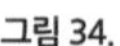

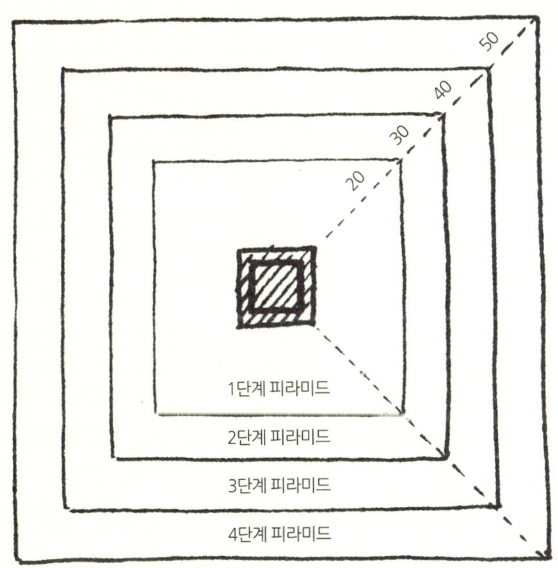

그림 35.
피라미드 단계와 각 단계에 따른 상태 효과의
반경을 도형으로 나타냅니다.

상태 효과

1단계의 피라미드는 반경 20에 상태 효과를 제공할 것입니다. 2단계는 30블록으로 넓어지며, 3단계는 40블록, 4단계는 50블록으로 넓어집니다. 신호기는 신속(움직임 속도를 높여 줍니다), 성급함(제작 속도를 높여 줍니다), 저항(받은 피해를 감소시킵니다 2단계 이상의 피라미드), 점프(점프의 높이와 거리를 증가시킵니다. 2단계 이상), 힘(근접전에서 가하는 데미지를 증가시킵니다. 3단계 이상), 재생(제력을 회복시킵니다. 4단계) 효과를 가지고 있습니다. 4단계 피리미드는 히니기 아닌 두 개의 효과를 선택할 수 있으며, 효과는 더 오래 지속될 뿐만 아니라 더 먼 거리에 미칩니다.

회복의 방

여러분이 쉽게 접근할 수 있는 영역에 회복의 방을 만드세요.

필요한 것들:

- 밤을 지낼 수 있는 침대. 적대적인 몹들이 10 블록 내에 있을 경우 잠들 수가 없기
  때문에, 침대는 외벽에서 가능한 멀리 떨어진 곳에 배치하세요.
- 잃어버린 배고픔 포인트를 채우기 위한 풍부한 음식
- 많은 양의 황금 사과
- 여러분을 힘들게 만드는 모든 안 좋은 상태 효과를 제거할 수 있는 우유 양동이

음악은 긴장을 푸는데 도움이 됩니다. 회복을 위해 음악을 들을 수 있는 주크박스를
만들 수도 있습니다.

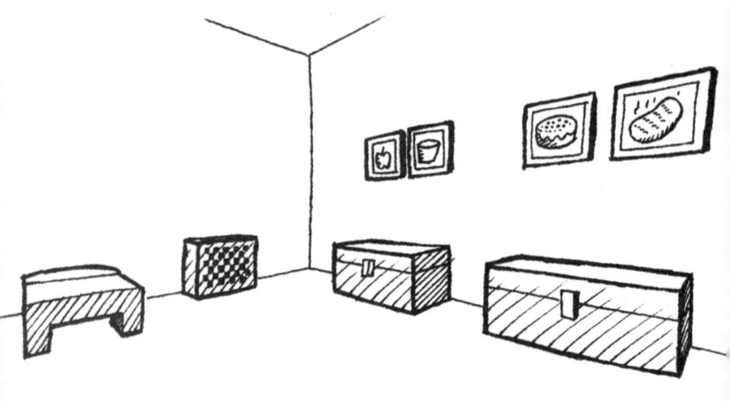

그림 36.
이상적으로 설계된 회복의 방,
기분이 좋아질 것이라 확신합니다.

부엌과 농장

어떤 이들은 액션과 모험에 휩쓸려 자신의 건강을 방치하기 시작합니다. 만일 여러분의 기지 설계에 부엌과 농장을 포함시킨다면, 직접 더 많은 음식을 공급할 수 있으며 스스로를 잘 돌볼 수 있을 것입니다.

농작물은 밀, 당근, 감자, 비트 뿌리와 사탕수수를 포함해야 합니다. 이것들은 제빵 제과, 말을 치료하고 먹일 건초더미, 동물을 사육하고 번식시키기 위해 필요한 모든 것을 여러분께 제공할 것입니다.

또한 여러분이 황금 사과를 좋아하는지 여부를 떠나 사과를 공급받기 위해 오랫동안 지속 가능한 참나무 과수원이 필요합니다.

뼈 가루는 대부분의 식물에게 좋은 비료입니다. 뼈로 만드는데, 이것을 식물에 주면 성장과정을 빠르게 단축시켜 시간을 절약할 수 있기 때문에 쏙 비축해야 합니다.

다음으로, 동물 농장을 구성하기 위해 몇몇 가축을 획득해야 합니다. 고기, 달걀 그리고 우유를 제공받기 위해서는 최소한 두 마리의 닭, 소, 돼지, 양을 잡아야 합니다. 또한 교통 수단으로서 말도 필요합니다. 동물들을 번식시키는 것을 잊지 마세요. 그렇지 않으면 어느 순간 동물 농장이 텅 빈 것을 발견하게 될 것입니다.

호박 파이와 케이크 같이 복잡하게 구워진 음식도 잊지 마세요. 이러한 음식들은 간단한 음식 보다 더 많은 음식 포인트를 제공하고, 케이크는 한 번에 여러 명이 함께 먹을 수 있습니다.

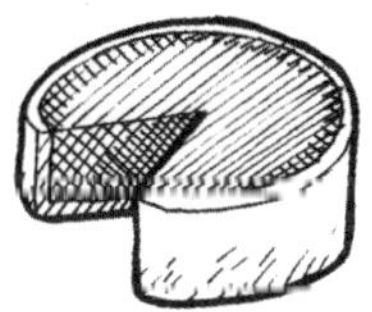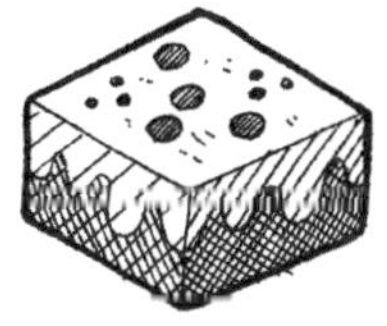

그림 37.
단 음식

방어망이 뚫린다면

아무리 철저히 준비를 해도, 종종 상대 플레이어의 급습이나 적대적인 몬스터에 의해 방어망에 순식간에 구멍이 뚫릴 수 있습니다. 아무리 여러분의 능력이 뛰어나다 하더라도, 항상 최악의 순간에 대비해야 합니다.

비밀 창고

비밀 창고를 만들어 두면 침입자가 여러분의 비축 물자를 모두 가져가거나 크리퍼에 의해 폭파되어 날아가버릴 가능성을 줄일 수 있습니다.

한 블록 넓이의 출입구는 그림을 이용하여 은폐할 수 있습니다. 그림 38과 같이 그림을 걸기 위한 표지판을 설치해야 하는데, 충분한 크기로 만들어야 하므로 약간은 번거로울 수 있습니다.

그림 38.
건설중인 비밀 창고.
표지판의 배치를
확인하세요.

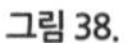

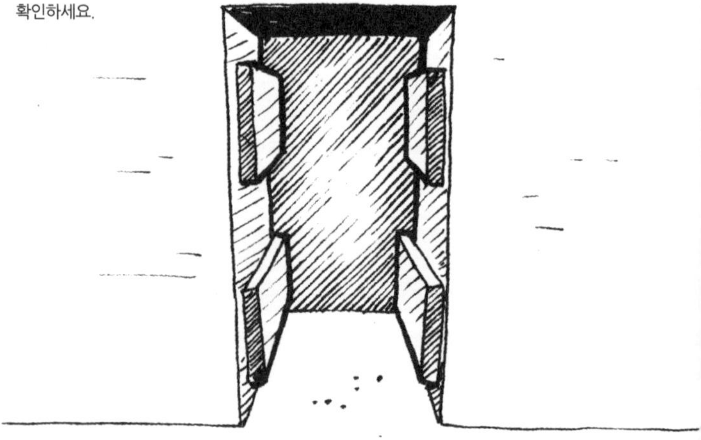

침입자들이 아이템을 찾아내기 힘들게 하기 위해 상자를 바닥에 묻을 수도 있습니다.

일단 적의 침입이 피할 수 없는 현실이라면, 물건들을 보관하는 기지 밖의 창고를 만드세요. 그러면 최악의 상황이 발생하여 침입자가 당신의 기지를 털어간다 해도, 최소한 재기할 수 있는 어느 정도의 물건들은 건질 수 있을 것입니다.

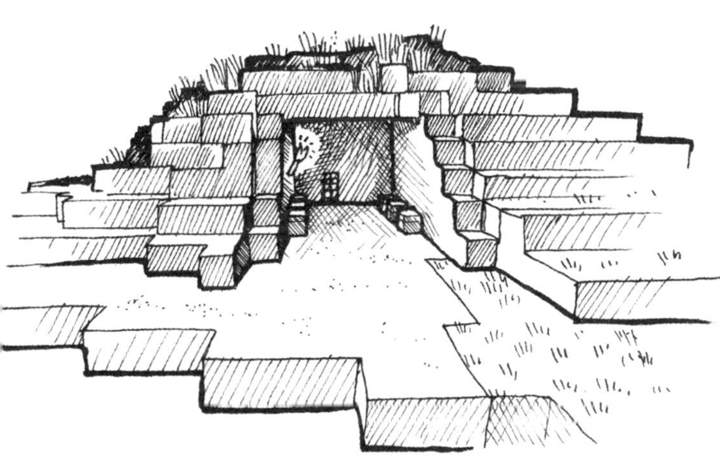

그림 39.
평범한 언덕처럼 보이는 곳에
물건들을 보관하기 위한 단면도

패닉 룸

더 이상 어쩔 도리가 없는 극단적인 상황이 닥치게 된다면 어떻게 하겠습니까? 다행히도 바로 이런 상황을 위한 방이 있습니다. 이름하여 패닉 룸. 패닉 룸은 기지의 지하에 설치하는데, 여러분을 완전히 격리시켜 침입자들이 상당한 시간과 노력을 들이지 않고서는 뚫을 수 없게 만듭니다.

패닉 룸을 만드는 데는 꽤 비싼 비용이 들어갑니다. 벽, 바닥 그리고 천장은 폭발을 견디도록 흑요석으로 만들어야 하며, 출입구를 봉쇄하고 방안에서 바리케이드를 치고 완전히 고립되기 위해 적어도 두 개 이상의 흑요석 블록이 더 있어야 합니다.

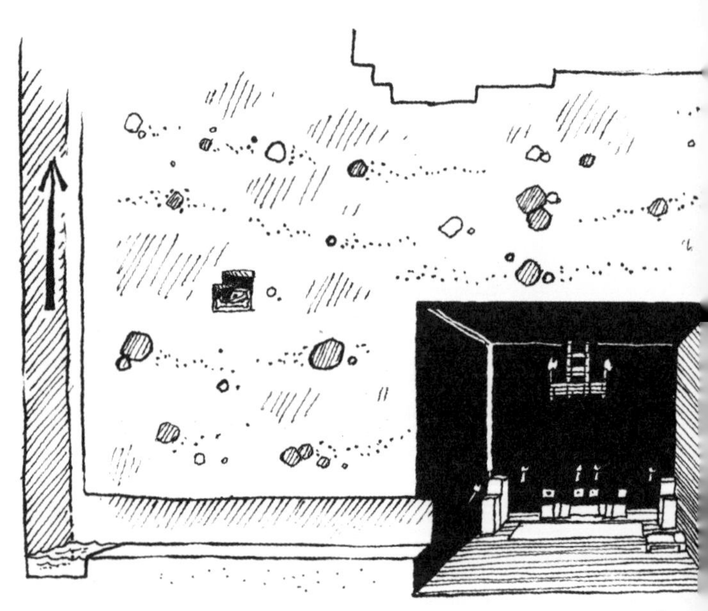

일단 완성하고 나면 광원, 음식, 침대, 재료 및 작업대 같은 비상 물품들로 패닉 룸을 채웁니다.

위험이 지나가고 나면 밖으로 나갈 수 있는 교묘한 탈출구 또한 있어야 합니다. 마인카트 시스템 또는 폭포 뒤에 감춰진 동굴 출구처럼 지상의 숨겨진 출구까지 올라갈 수 있는 터널을 만들어 사용할 수 있습니다.

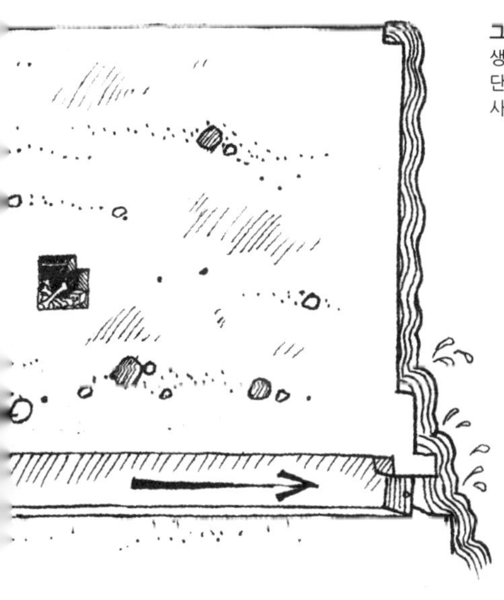

그림 40.
생존자들이 많이 사용한 패닉 룸의 단면도. 훈련용만 아니라면 그대로 사용할 수 있습니다.

필드에서의 전투

VENIMUS

VIDIMUS

VICIMUS

왔노라, 보았노라, 이겼노라

오버월드를 제패하자

여유가 있을 때 늘어지게 쉴 수도 있겠지만, 형세를 살피는데 시간을 보낸다면 광산 개발을 위한 후보 지역뿐만 아니라 적의 위협을 식별할 수도 있습니다. 정찰 수행은 생명과 사람을 구합니다.

일반 정찰 임무

새로운 지역에 숙영지를 설치할 때, 몬스터 스포너를 파괴하거나 무력화시키는데 일정 시간을 할애하세요. 스포너는 지역에 따라 던전의 좀비와 버려진 갱도의 동굴 거미에서부터 네더의 블레이즈에 이르기까지 서로 다른 몬스터를 무작위로 스폰하는 검은 철창 같이 생긴 블록입니다. 철 이상의 곡괭이로 스포너를 깨거나 횃불을 옆 혹은 위에 놓거나 용암으로 덮어 두세요. 보너스로 여러분이 파괴한 각 스포너에서 일정량의 경험치를 얻을 수 있으며, 근처에서 노획물이 가득 찬 상자를 발견할 수도 있습니다. 횃불을 사용하여 몬스터가 스폰되지 않게 할 경우, 몇 분간 머무르면서 몹이 스폰되지 않는다는 것을 확인하여 일을 철저하게 마칠 필요가 있습니다.

그림 41-1.
아직은 부족하군요.

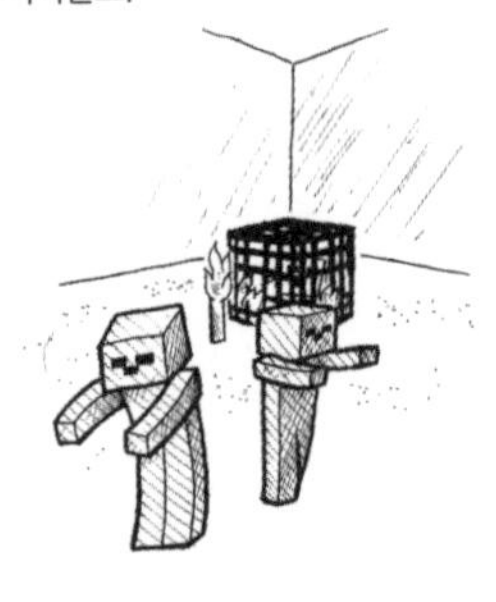

그림 41-2.
이것이 잘된 경우입니다.

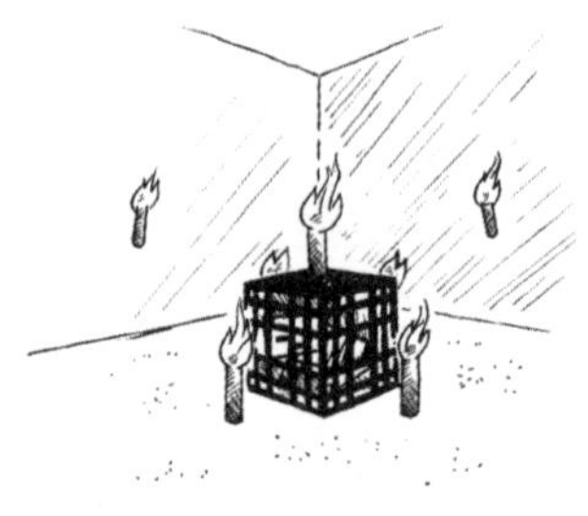

저녁이 되면 출몰하는 몬스터의 수를 줄이기 위해 가능한 넓은 주변 영역에 불을 밝혀 두는 것이 바람직합니다.

협곡과 자연 용암 지대 같이 위험한 지형에 숙영지를 설치해 놓고 여러분이 이 지역을 출입할 때 안전을 대비하여 횃불이나 눈에 띄는 블록으로 표시를 해 두세요.

NPC 마을을 발견했을 때, 그들의 자원을 사용하는 것을 꺼려하지 마세요. 그들도 여러분에게 도움을 주는 것에 행복해 할 것입니다. 무엇을 교환하려는지 알아보기 위해 마을 주민들과 거래를 하고, 그들의 농작물과 책꽂이를 마음껏 취하고, 대장장이의 상자 안의 내용물을 살펴 보세요. 마을의 자원들을 모두 획득한 보답으로, 간단히 그들의 마을을 강화해 줄 수도 있습니다. 이것은 또한, 마을 주민이 감염되거나 좀비로 변할 확률을 낮춰줍니다. 마을 주민이 감염되거나 좀비로 변하는 것은 여러분에게 득이 될 것이 없습니다. 마을 주위로 벽을 만들고, 아직 마을에 없다면 경비를 서게 하기 위해 철 골렘을 만들어 두세요.

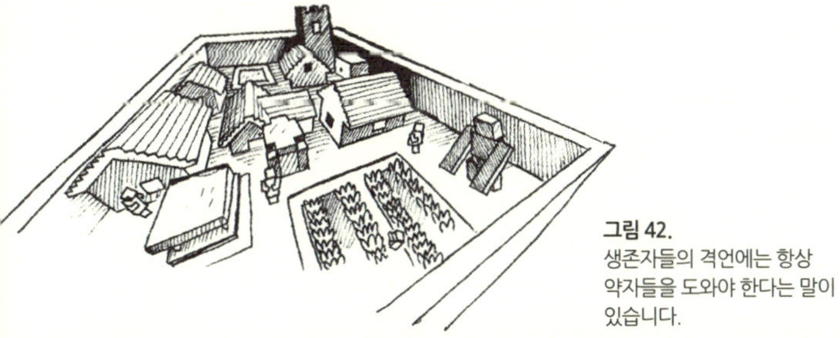

그림 42.
생존자들의 격언에는 항상
약자들을 도와야 한다는 말이
있습니다.

적 기지 침입

물자를 얻기 위해 적의 기지를 침입하는 것은 수익성도 크고 재미도 있습니다. 성공하기만 한다면 여러분의 창고를 가득 채우고 동시에 적의 무기를 줄일 수 있으니 이보디 제미있는 일이 이디 있겠습니끼?

먼저 정찰을 수행하면 성공의 기회는 훨씬 더 높아질 것입니다.

- 갈입 지겸으로 시용할 수 있는 기지 방이망이 약겸을 찾습니다. 지히루 디녇을 끼고 바닥을 통해 침입해 봅시다.
- 기지 내 적들이 가진 장비에 주의하세요. 당신이 그들과 교전에 들어갔을 때 어떻게 대처해야 하는지 미리 대비할 수 있습니다.
- 발각될 가능성을 줄이기 위해 밤에 습격을 감행하세요.

적에 대해 알아보자
적대적 몬스터

적대적인 몬스터를 물리치기 위해서는 힘뿐만 아니라, 그들보다 한 단계 더 앞서가기 위해 두뇌 또한 사용할 수 있어야 합니다. 우리는 일찍이 오래 전부터 몬스터들에 대한 연구를 해왔는데, 마침내 보통 단계부터 매우 위험한 단계까지 구분하는 위험 등급 시스템을 개발하였습니다. 다음 내용을 읽으면서 우리가 좋아하는 전술을 익혀 보세요.

<u>좀비</u>

위협 레벨 :	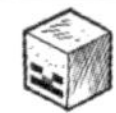 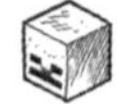	보통

기지에서의 전략

여러분의 기지 주위에 적어도 세 블록 깊이의 도랑을 만드세요. 그들은 도랑에 빠진 후 스스로 빠져 나올 수 있을 만큼 똑똑하지 못합니다.

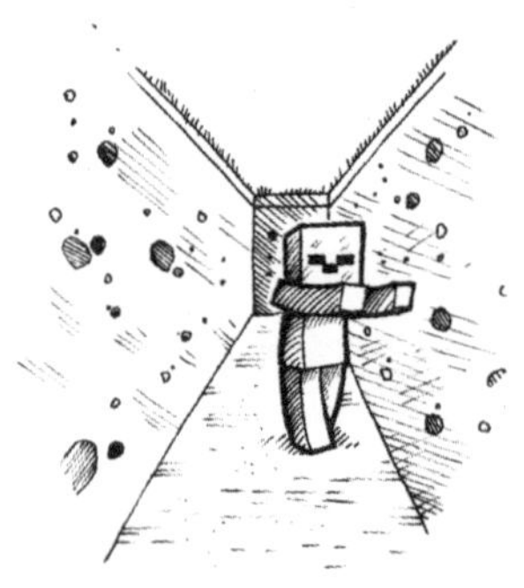

그림 43.
도랑 - 단순하지만 효과적입니다.

대부분의 사람들이 좀비들의 침입을 방지하기 위해 나무문 대신 철 문을 사용해야 한다는 것을 알고 있지만, 우리는 추가적인 예방책으로 문 앞에 블록 하나를 놓거나 지면에서 한 블록 위에 문을 만드는 것을 좋아합니다. 그들은 이것을 발견하지 못하고 진입을 포기한 후 다른 방향으로 떠돌게 됩니다.

필드에서의 전략

두 단의 흙 블록 위에 올라서서 멀리 휘둘러 공격합니다. 좀비들은 달려드는 만큼 많은 타격을 받게 되지만, 여러분을 직접 공격할 수 없습니다.

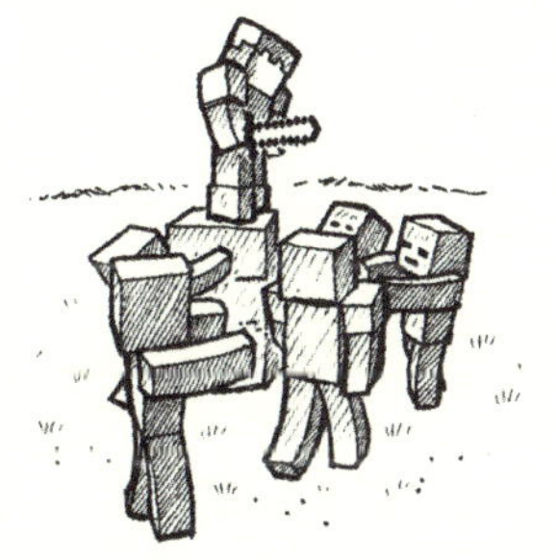

그림 44.
좀비들이 플레이어의 턱 밑까지 왔지만
닿지는 않습니다.

공격 시 잠깐의 시간차를 두세요. 좀비가 붉게 변할 때는 이미 데미지를 받았으며, 일시적으로 더 이상의 데미지를 입지 않는다는 것입니다. 따라서 이 때 여러분이 할 수 있는 것은 잠시 공격을 멈추는 것입니다.

스켈레톤

위협 레벨:			보통

기지에서의 전략

좀비와 마찬가지로, 여러분이 할 수 있는 최선의 방법은 기지 주변에 도랑을 파고 머리 나쁜 스켈레톤들이 거기에 빠지기를 기다리는 것입니다. 날이 밝으면 햇빛이 나머지를 처리해 줄 것입니다.

울타리 역시 스켈레톤들이 여러분의 영역으로 들어오는 것을 막을 수 있습니다.

문에서 가급적 멀리 있어야 합니다. 그렇지 않으면 스켈레톤이 문틈을 통해 활을 쏘게 될 것입니다.

스켈레톤을 쫓아내기 위해 한 무리의 늑대들을 기르세요. 이들은 숲이나 타이가 생태계를 돌아다니면 찾을 수 있으며, 충성심을 가지도록 뼈를 가지고 길들여야 합니다.

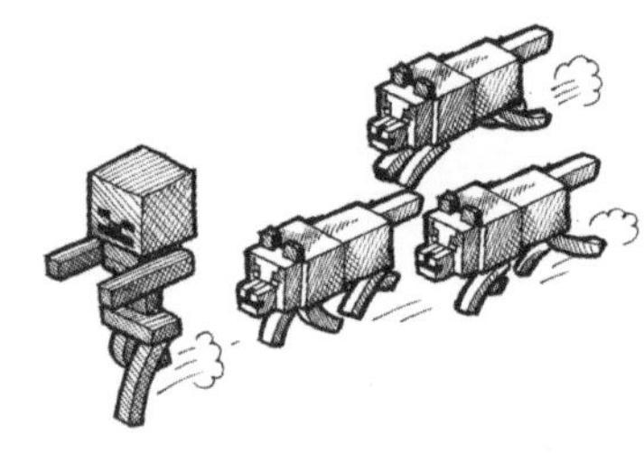

그림 45.
오늘 저녁 비상 식량으로 쓸 모양이네요.

필드에서의 전략

귀를 활짝 여세요. 스켈레톤이 움직일 때 내는 딸가닥거리는 소리로 그들이 다가오는 것을 알 수 있을 것입니다.

투척용 회복 물약을 사용해 피해를 입힐 수 있습니다.

낮에 동굴에서 만났다면, 스켈레톤을 햇빛 아래로 유인하세요.

<u>슬라임</u>

위협 레벨 :		보통

기지에서의 전략

커다란 슬라임을 아주 작은 슬라임으로 만들어 여러분의 주위를 돌아다니도록 그냥 놔두세요. 그 사이즈에서는 여러분에게 어떠한 데미지도 입힐 수 없으며, 마치 애완용 동물과 같은 재미를 줄 것입니다.

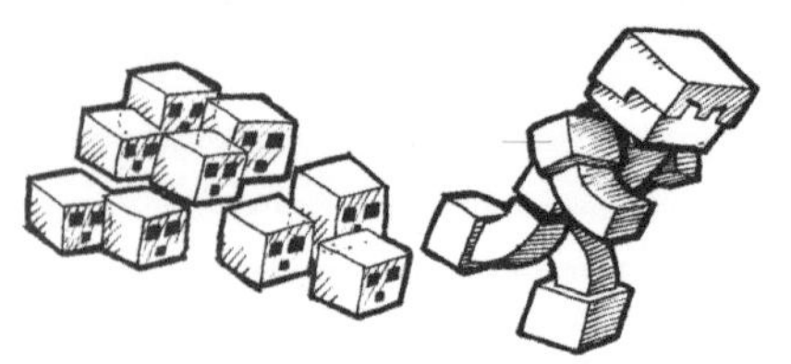

그림 46.
슬라임 부대

필드에서의 전략

간격이 한 블록 너비인 두 블록 사이에 위치해 섭니다. 여러분은 슬라임을 자유롭게 공격할 수 있지만, 슬라임은 반격할 수 없습니다.

좀 벌레

위협 레벨 :	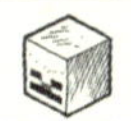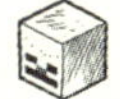	보통

기지에서의 전략

기지의 지하를 팔 때, 채굴한 각각의 블록을 면밀하게 살펴 보세요. 만약 일반적인 블록보다 길이가 길다면, 그것은 좀 벌레 블록입니다. 따라서 즉각 채굴을 중단해야 합니다.

필드에서의 전략

좀 벌레는 아무것도 떨구지 않으므로 여러분의 시간을 투자할 가치가 없습니다. 그들을 제거하는 가장 좋은 방법은 오염된 지역을 TNT로 날려버리거나, 고립된 영역에 가두기 위해 바리케이드를 치고 그 위에 용암을 붓는 것입니다.

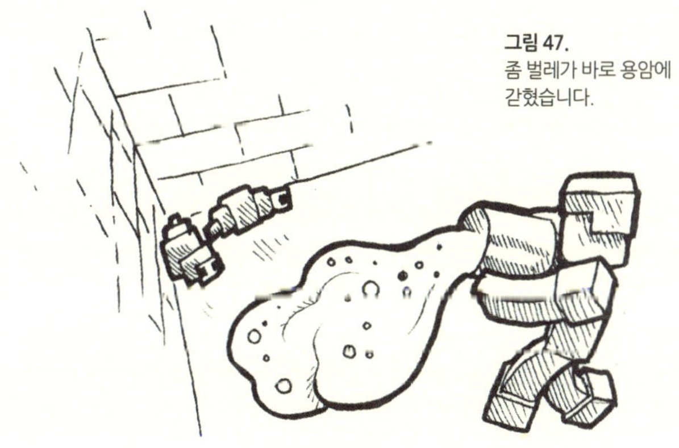

그림 47.
좀 벌레가 바로 용암에
갇혔습니다.

엔더마이트

| 위협 레벨 : | 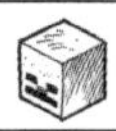 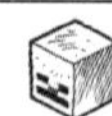 | 보통 |

기지에서의 전략

여러분 주변 둘레에 소울 샌드를 사용합니다. 엔더마이트들이 그곳에 빠져 질식할 것입니다.

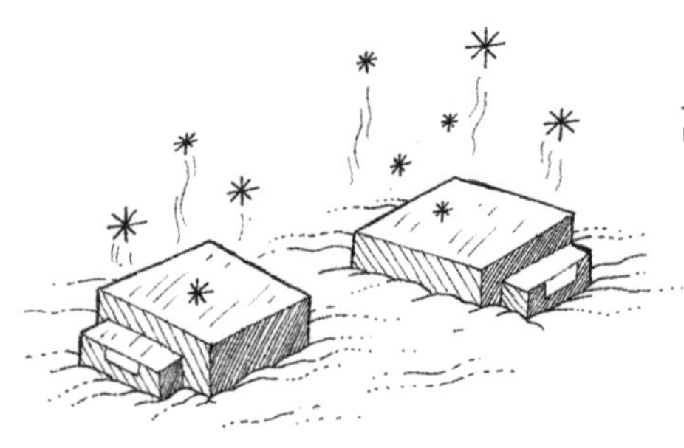

그림 48.
미안해, 작은 친구들아.

필드에서의 전략

다시 말하지만, TNT로 모두 날려버리세요. 엔더마이트들은 아무것도 떨구지 않기 때문에 그 방법 외에는 더 생각할 필요도 없습니다.

가디언

| 위협 레벨 : | 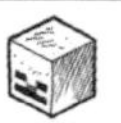 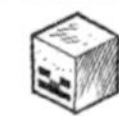 | 보통 |

기지에서의 전략

바다 유적 한가운데 기지를 설치하지 않는 한, 가디언이 큰 문제가 될 가능성은 없습니다.

필드에서의 전략

가디언들이 공격하면 일단 몸을 숨기세요. 그들은 밝은 빛을 가지고 있지 않기 때문에 여러분이 시야에서 사라지면 잊을 것입니다.

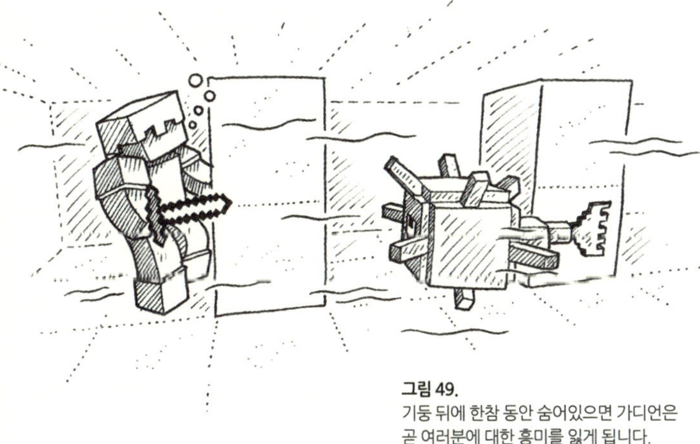

그림 49.
기둥 뒤에 한참 동안 숨어있으면 가디언은 곧 여러분에 대한 흥미를 잃게 됩니다.

이들의 레이저 공격은 어느 정도 갑옷을 관통하기 때문에, 바다 유적지를 방문하기 전에 인챈트된 다이아몬드 갑옷에 투자할 필요가 있습니다.

동굴 거미

위협 레벨:			보통

기지에서의 전략

폐광 근처에서 땅 밑에 기지를 지으면 안됩니다. 동굴 거미가 스폰되는 곳이기 때문입니다.

필드에서의 전략

가장 확실한 방법은 곧장 스포너로 가서 그것을 무효화시키는 것입니다. 만약 이것이 불가능하다면, 두 블록 높이의 기둥에 서서 이 기분 나쁜 거미들에게 용암을 쏟아 부으세요.

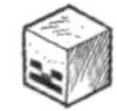

그림 50.
동굴 탐험을 꼭 해보라더군요.
아주 재밌을거라면서요

거미

위협 레벨 :	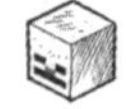	보통

기지에서의 전략

외벽의 돌출부는 꼭대기로 기어 오르려는 거미를 막아줍니다.

선인장 벽은 훌륭한 장애물입니다. 한 블록 떨어져 선인장 블록을 배치하면 거미들이 통과할 수 없습니다. 대신 선인장을 강제로 타고 넘으려 하게 되는데, 그럴수록 데미지를 입게 될 것입니다.

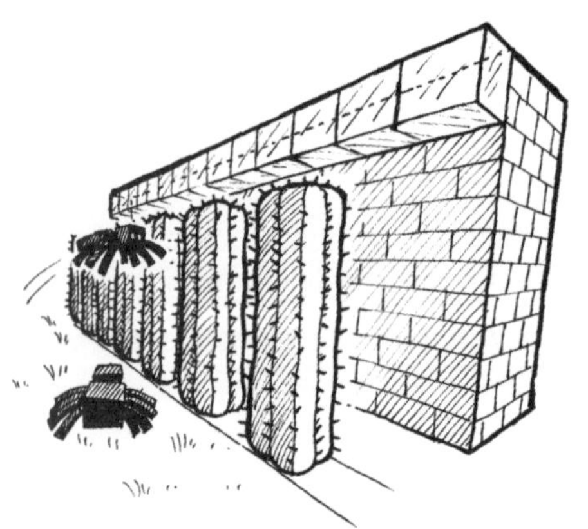

그림 51.
거미들이 타고 넘을 수 밖에 없도록 만드는 선인장 배치

필드에서의 전략

지상에서 두 블록 깊이로 구멍을 파고 들어가 거미가 머리 위에 왔을 때 가장 취약한 부분인 아랫배를 공격하세요.

스파이더 조키

위협 레벨 :	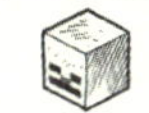 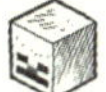	보통

기지에서의 전략

여러분의 늑대가 스파이더 조키를 처리하는데 도움이 됩니다.

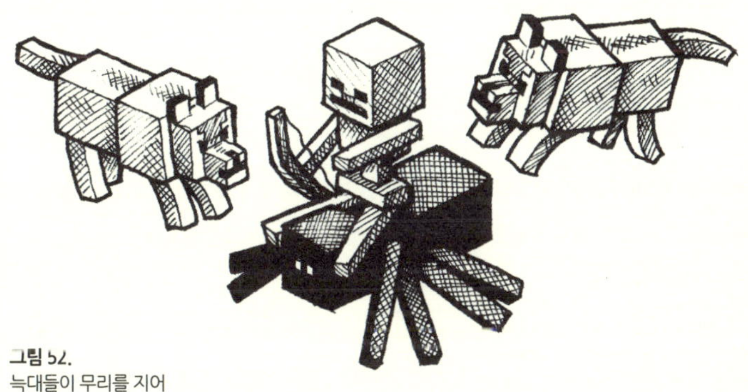

그림 52.
늑대들이 무리를 지어
스파이더 조키와 맞섭니다.

필드에서의 전략

다시 말하지만, 여러분을 두와줄 늑대들과 함께 하는 것이 좋습니다. 솔직히 말하자면, 그냥 도망치는 것도 좋습니다.

<u>**엔더맨**</u>

위협 레벨 :	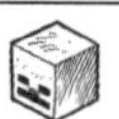 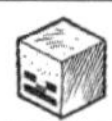 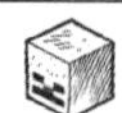	**상당함**

기지에서의 전략

기지 주변을 둘러서 마인카트 트랙을 만들고 카트 몇 대를 설치합니다. 엔더맨이 다가올 때 카트 쪽으로 밀치면 엔더맨이 카트에 태워져서 카트를 타고 트랙을 돌게 됩니다. 일단 카트에 타게 되면 텔레포트를 통해 빠져나갈 수 없기 때문에 엔더맨을 여러분의 화살 쏘기 연습용 과녁으로 사용할 수 있습니다.

그림 53.
타겟 포착

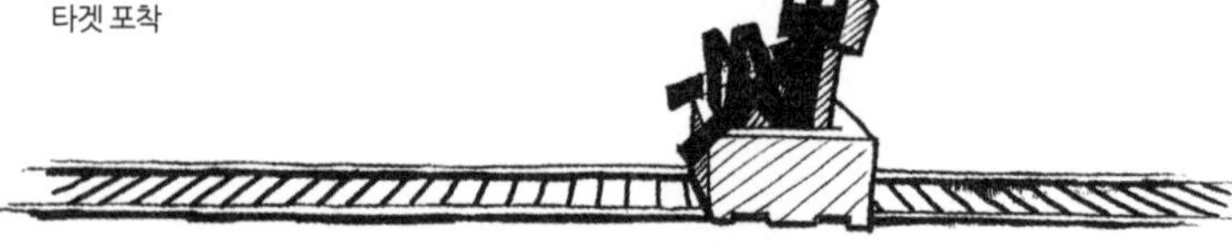

필드에서의 전략

될 수 있으면 시선을 아래로 향하세요. 무슨 이유인지는 모르지만 여러분이 머리에 호박을 쓰면 그들을 쳐다 볼 수 있습니다.

흙으로 여러분의 머리 위에 타워를 만들면 그들은 여러분을 공격할 수 없습니다.

비상시 엔더맨 피난처를 두 블록 높이로 만드세요. 키가 큰 그들은 그 안까지 쫓아 올 수 없게 되지만, 여러분은 그들을 공격할 수 있습니다.

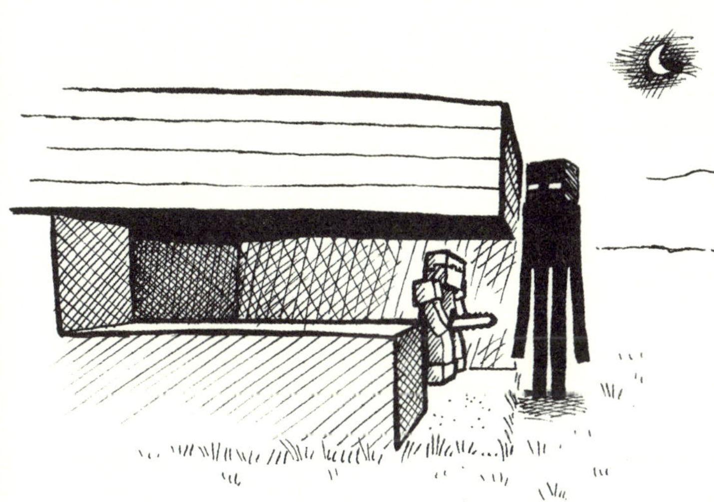

그림 54.
비상시 엔더맨 대피소

마녀

위협 레벨:				싱딩함

기지에서의 전략

마녀가 기지에 접근하는 경우, 높은 벽 위로 올라가 활과 화살로 공격하세요.

마녀는 거의 모든 불을 사용한 공격에 면역이 있습니다. 따라서 용암을 사용하려는 생각은 접어두세요.

필드에서의 전략

일단 신속하게 움직여 선공을 날릴 필요가 있습니다. 그러면, 마녀가 자신을 치료하는 동안 잠시 멈출 것입니다. 물약을 들이키는 소리를 통해 치료 중이라는 것을 알 수 있을 것입니다. 자신을 치료하는 중에는 여러분을 공격할 수 없기 때문에, 이 때가 추가적인 공격을 가하기 위한 완벽한 기회입니다.

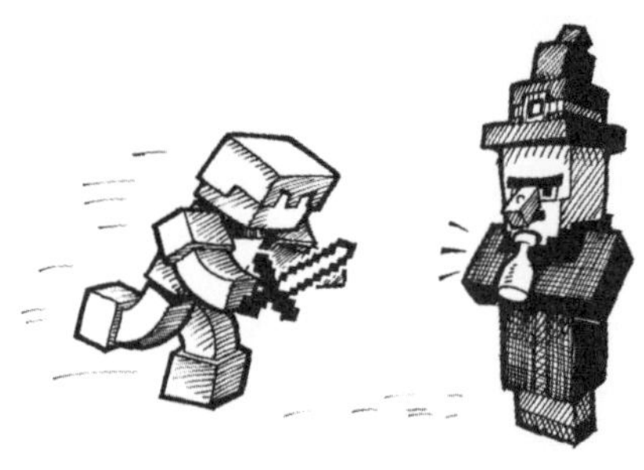

그림 55.
마녀가 치료하는 사이에
공격합니다.

엘더 가디언

위협 레벨 :	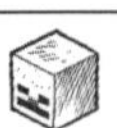 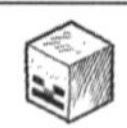 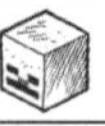 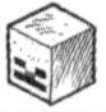	**심각함**

기지에서의 전략

엘더 가디언에 대한 기지 방어 전략이 필요할 때는 자연적으로 만들어지는 해저 유적에 가까운 물밑에 기지가 있을 경우입니다. 이 지역을 피한다면 별 문제가 없습니다.

필드에서의 전략

기둥을 이용하여 그들의 빔 공격을 피하고, 인챈트된 다이아몬드 검으로 마무리하세요. 여러분이 친구와 함께 있다면 한 명이 관심을 끄는 동안, 한 명은 몰래 엘더 가디언의 뒤로 돌아 다가갈 수 있습니다.

<u>크리퍼</u>

위협 레벨 :	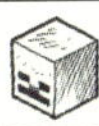 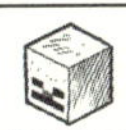 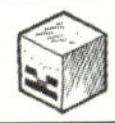 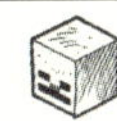	**심각함**

기지에서의 전략

크리퍼는 고양이를 무서워합니다. 우리에게 고양이는 엄청 귀엽죠. 따라서, 많은 수의 고양이를 키우는데 주저할 이유가 없습니다. 적당한 양의 물고기를 가지고 가장 가까운 정글 생태계로 가서, 가능한 많은 오셀롯들을 길들이세요.

크리퍼를 느리게 하기 위해 소울 샌드로 미로를 만드세요.

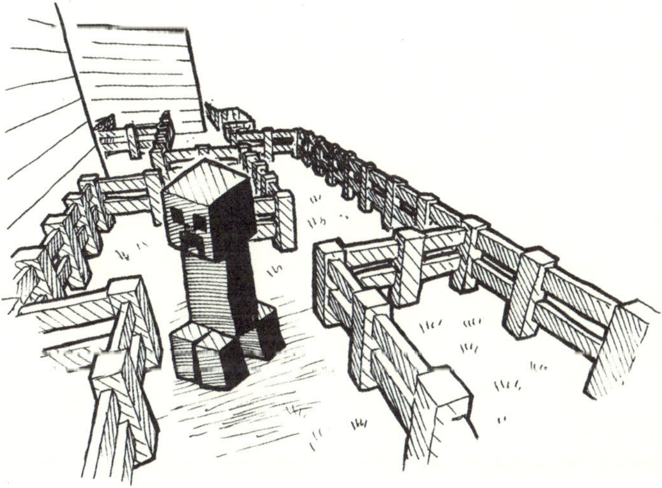

그림 56.
기지 주변을 두른 소울 샌드 미로로 인해 크리퍼가 헤매고 있군요.

흑요석으로 함정을 만드세요.

물이 가득 찬 해자 또한 크리퍼용 함정으로 딱입니다. 크리퍼가 폭발하게 되면 물이 폭발을 흡수할 것이고 결과적으로 기지의 벽은 무사할 수 있습니다.

필드에서의 전략

방패로 폭발을 차단하세요.

좀비에게 한 것처럼, 두 블록의 흙 블록 위에 서서 위에서 이들을 공격하여 크리퍼들의 파괴적인 계획을 저지할 수 있습니다. 또한 위쪽에 위치한 지리적 이점을 살려 크리퍼들의 머리 위에 모래나 자갈을 부어 질식시킬 수도 있습니다.

위더

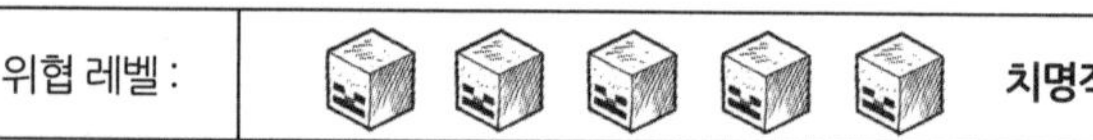

위협 레벨 :		치명적임(보스몹)

기지에서의 전략

기지 근처에서 위더를 스폰하지 마세요. 절대로! 생각조차 하지 마세요. 적 기지 인근에서 위더를 스폰한 후 도망치는 것은 좋은 아이디어입니다.

필드에서의 전략

열린 공간에서 위더를 스폰하려 한다면, 여러분의 중요한 소유물들로부터 되도록 멀리 떨어지세요. 흑요석 구덩이가 이상적입니다.

인챈트된 활(힘 또는 밀치기 인챈트가 좋습니다)로 원거리 공격을 하면서 회복 및 힘의 물약을 마시고 황금 사과를 먹습니다. 일단 위더의 체력 포인트를 어느 정도 낮추는데 성공했다면, 인챈트된 다이아몬드 검으로 마무리합니다. 강타와 날카로움 인챈트가 가장 효과적이라고 알려져 있습니다.

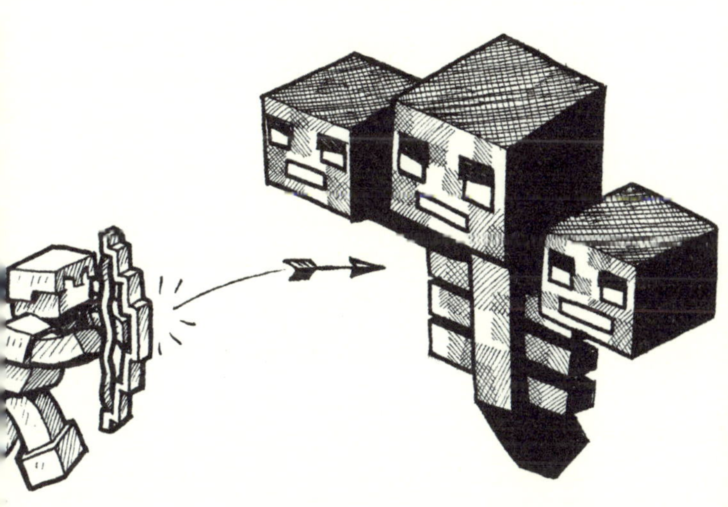

주의를 산만하게 만들기 위해 늑대와 눈 골렘 또는 철 골렘을 데려가도 좋습니다.

공격 전략

적 플레이어는 적대적인 몹보다 더 예측하기 어렵습니다. 따라서 여러분이 그들을 물리치려면 특히 더 머리를 써야 합니다.

일대일 전투

필드에서 적을 쫓기 위해서는 은폐가 필요합니다. 들키지 않고 최대한 가까이 접근해야 합니다. 앉기 기능을 이용하면 여러분의 이름을 감출 수 있어 적이 바위 뒤에 숨은 여러분을 발견할 수 없습니다.

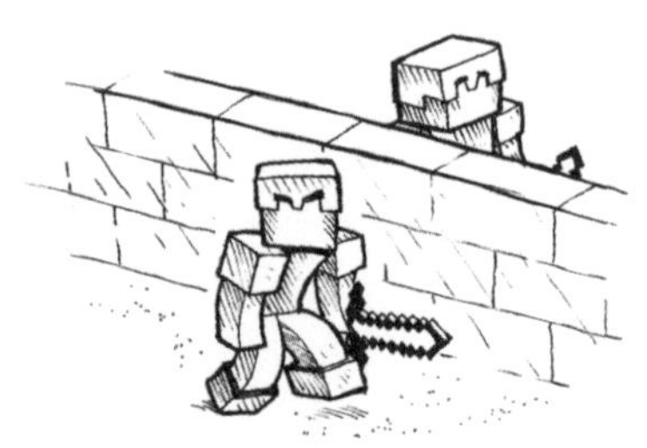

그림 58.
앉기 기능은 큰 효과를
발휘합니다.

물론, 전통적인 방법인 투명 물약 또한 여러분이 다가오는 것을 적들이 볼 수 없게 합니다.

여기가 바로 정찰의 힘이 나타나는 순간입니다. 여러분이 상대보다 지형을 잘 알고 있다면 여러분의 안전을 확보하면서 상대를 위험에 빠뜨릴 수 있습니다.

일반적으로, 상대보다 높은 곳으로 이동하여 위에서 상대에게 치명타를 쏟아 붓는 것이 좋습니다.

반대로 상대의 밑에서 상대를 마무리할 수도 있습니다. 땅 위의 구멍 속에 숨어서 상대 다리를 아래로부터 공격합니다.

식사는 꼭 필요하지만 음식을 낭비해서는 안됩니다. 식사를 할 때는 배고픔 포인트가 8 이하로 떨어질 때까지 참으세요. 누구도 대식가를 좋아하진 않습니다.

소단위 그룹

서너 명으로 구성된 작은 그룹으로 나누어 작업을 하는 것은, 적에게 속임수의 예술을 펼쳐 볼 수 있는 완벽한 기회를 제공합니다.

두 개의 그룹으로 나눕니다. 첫 번째 그룹은 계곡이 내려다 보이는 동굴에 위치해야 합니다 나머지 하나의 그룹은 적을 맞아 싸웁니다. 전투 중간에 두 번째 그룹은 숨겨진 아군이 있는 영역으로 적들을 유인하기 위해 협곡으로 후퇴합니다. 구석에 몰아 놓고 아군과 함께 적들을 마무리합니다.

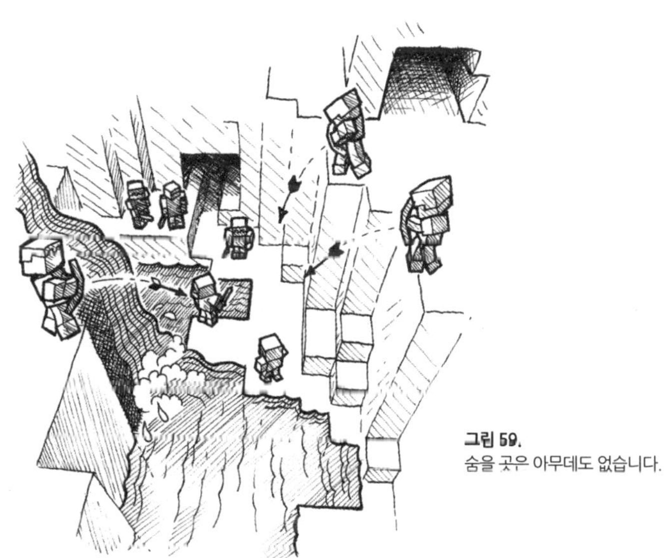

그림 59.
숨을 곳은 아무데도 없습니다.

대단위 그룹

큰 규모의 팀으로 상대 플레이어와 대적하면 엄청난 타격을 가하기 위한 더 복잡한 작전을 수행할 수 있어 성공 확률을 극대화할 수 있습니다.

궁수, 물약 투척자 그리고 일반 전투원뿐만 아니라 막강한 딜러(치명적인 데미지를 가할 수 있는 강력하게 인챈트된 플레이어)까지, 여러분의 팀은 다양한 역할을 수행할 수 있도록 구성되어야 합니다. 묘책을 사용하는 것과 상관없이 여러분의 구성원들이 이러한 모든 요소들을 갖추어야 우위를 점할 수 있습니다.

협공

적을 둘러싸고, 작고 밀폐된 공간의 궁지에 몰리도록 양 측면에서 상대 팀을 공격하세요.

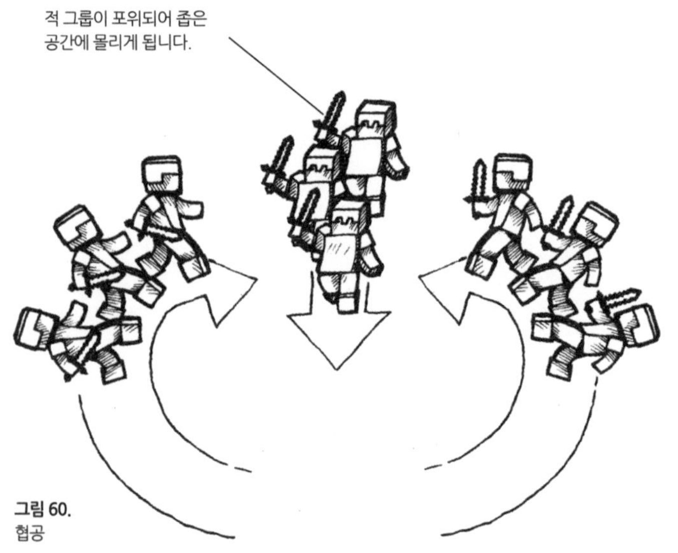

그림 60.
협공

매복

적 그룹을 끌어 들이기 위해 여러분 그룹의 절반을 필드에서 대적하게 하고, 다른 절반은 근처에 숨겨 대기시킵니다. 상대편이 이겼다고 생각할 때, 그룹의 나머지 절반이 등장하여 측면에서 적을 공격합니다. 그들은 측면에서 다가오는 그룹을 알아채지지 못하게 되고, 누구도 여러분이 그룹의 절반으로 승리할 수 있다고 보지 않을 것입니다.

그림 61.
매복

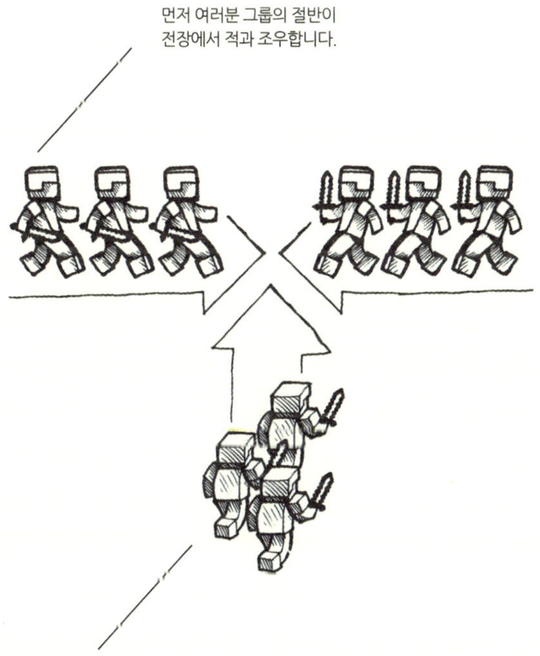

승리의 콤보

이제 승리의 콤보 기술에 관한 몇 가지 팁을 보겠습니다.

콤보는 상대가 여러분을 공격하거나 반격할 틈을 주지 않고, 여러분의 공격들이 성공했을 때 성사됩니다.

다음의 콤보들은 대단한 성과를 거둘 것이며, 적들은 여러분의 비위를 거슬리면 안 된다는 것을 분명히 알게 될 것입니다.

트리플 위협

1 단계
상대방의 발 밑 블록에 화염구를 던져 꼼짝 못하게 만든 후, 화염 인챈트된 검을 상대를 향해 휘두릅니다.

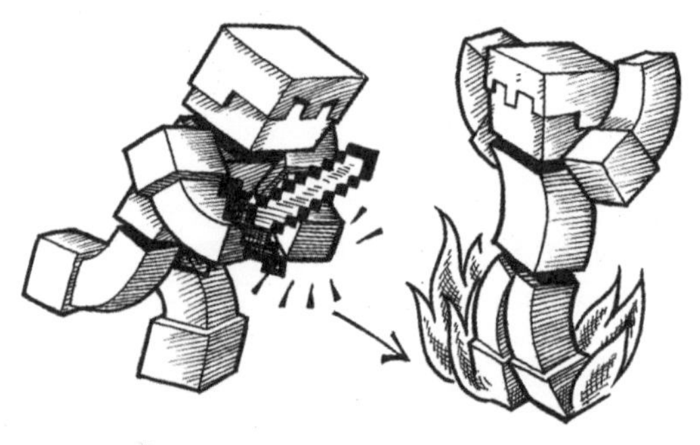

그림 62-1.
상대가 자신의 발에 느닷없이 불이 붙은 것을
발견하는 순간, 화염 인챈트된 검이 자신의 얼굴로
날아듭니다.

2 단계

방패로 자신을 보호하면서 상대의 얼굴에 투척용 고통의 물약을 던져 상대의 상황을
더욱 악화시킵니다.

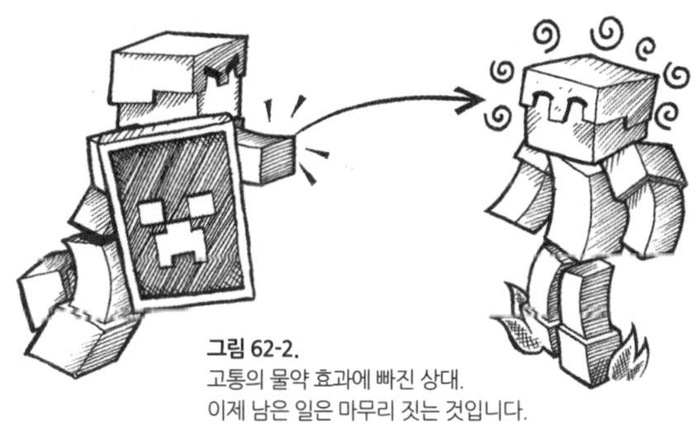

그림 62-2.
고통의 물약 효과에 빠진 상대.
이제 남은 일은 마무리 짓는 것입니다.

3 단계

불에 타지 않도록 뒤로 물러선 후, 상대에게 화살 세례를 퍼부어 마무리합니다.

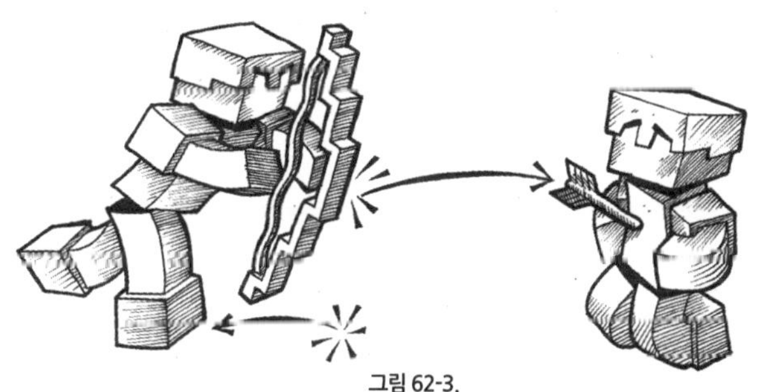

그림 62-3.
갑옷을 관통하여 상대 체력을 0으로
만드는 화살.

뒤통수치기

1 단계

일단 상대가 달려들 것이라 확신한다면, 엔더 진주를 사용하여 상대의 뒤로 텔레포트합니다.

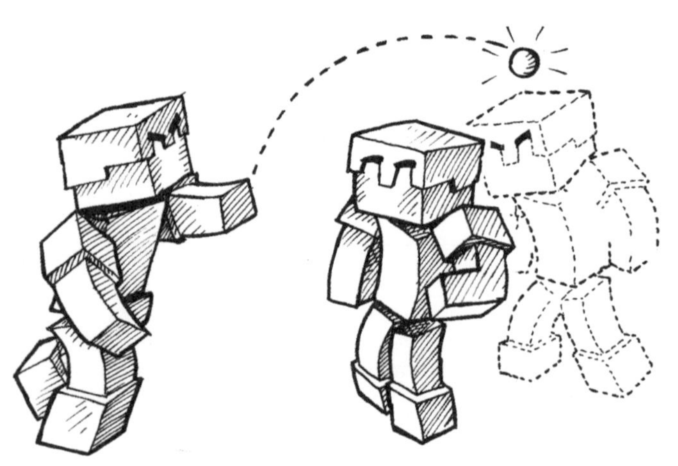

그림 63-1.
최고로 유리한 지점인, 당황하는
적의 뒤로 이동

2 단계

용암 양동이를 사용하여 상대에게 용암을 끼얹습니다.

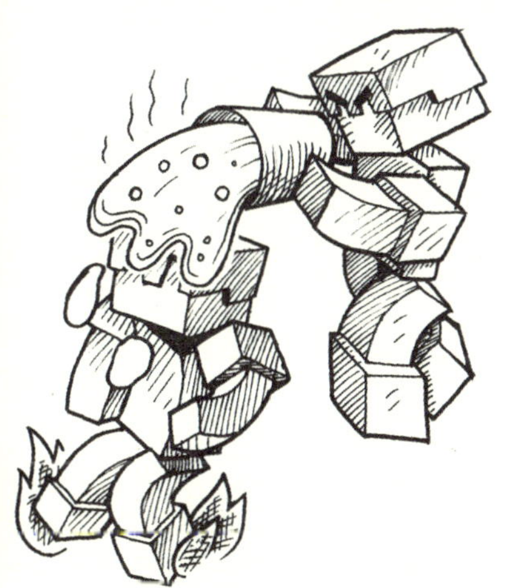

그림 63-2.
상대는 용암에 완전히
압도됩니다.

3 단계

한번 더 상대의 뒤로 텔레포트하고 다시 상대가 돌아서면 화염과 밀치기 인챈트된
검으로 마무리합니다.

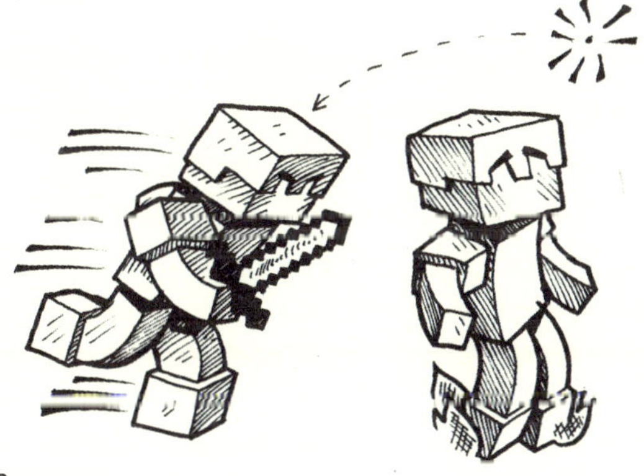

그림 63-3.
검을 이용하여 격분한 상대를 공격해서 상대의
체력 포인트를 0으로 만듭니다.

교란 작전

1 단계

여러분의 인챈트된 다이아몬드 장비를 숨깁니다. 대신, 철로 만든 검으로 상대를 대적하다가 어떻게 대응해야 할 지 모르는 척하며 달아납니다.

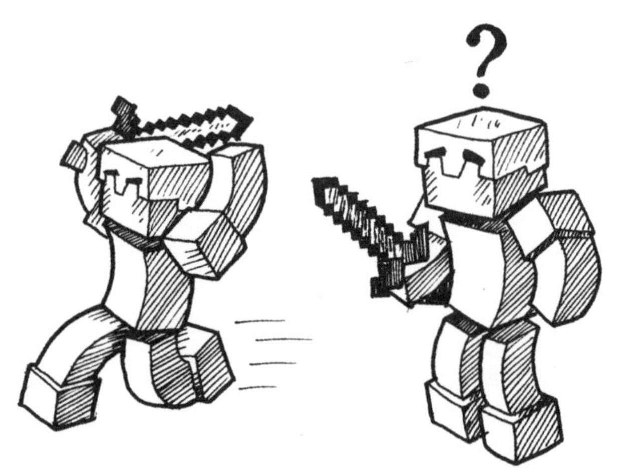

그림 64-1.
리얼한 분위기를 연출하기 위해
허둥지둥 도망갑니다.

2 단계

여러분만 알고 있는 근처의 절망적인 계곡으로 도망칩니다. 상대가 다른 곳으로 가지 않고 여러분을 계속 쫓아 오게 하기 위해 절벽에서 뛰어내리려는 시늉을 합니다.

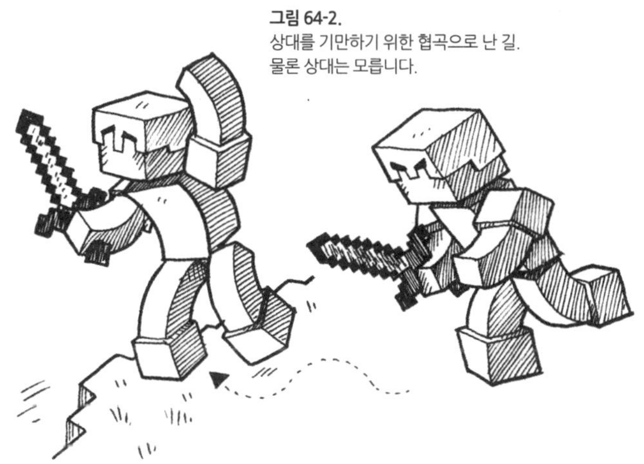

3 단계

순간 엔더 진주를 사용하여 상대의 뒤로 텔레포트하여 밀치기 인챈트된 다이아몬드 검으로 전환해 상대를 공격하고 절벽에서 협곡으로 상대를 밀칩니다.

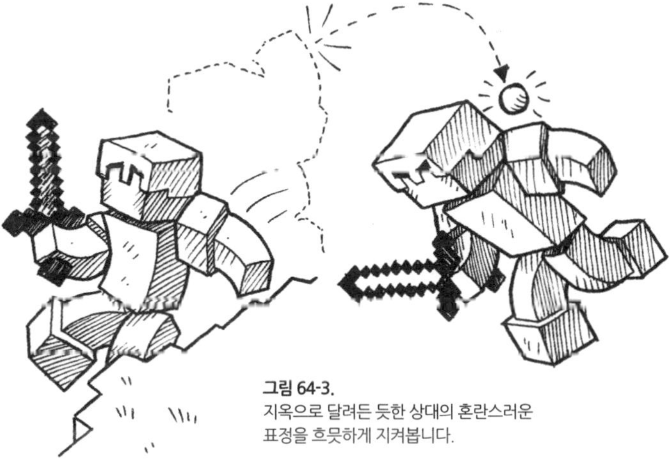

플레이어 대 플레이어 전투
방어 전략

상황이 여러분이 원하는 대로 되지 않을 경우, 전술적인 후퇴를 망설이지 마세요.

일대일 배틀

여러분이 뒤에 숨을 수 있는 장애물을 찾을 수 있도록 3인칭 관점의 화면을 사용하세요. 이렇게 하면 여러분이 직접 움직이거나 몸을 노출시킬 필요없이 주위를 돌아볼 수 있습니다.

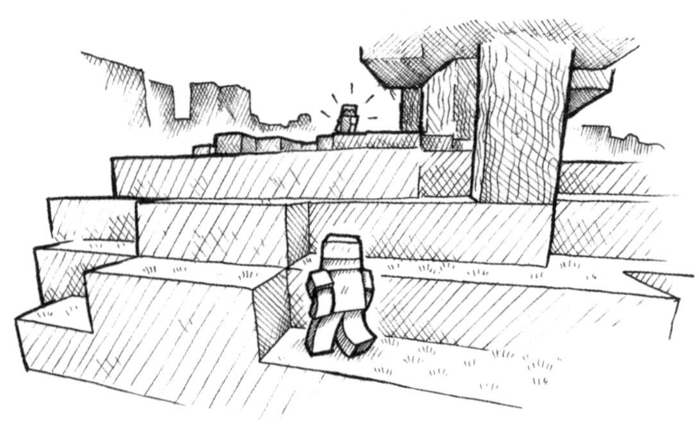

그림 65.
플레이어가 현명하게도 주변 영역을 살펴볼 수 있는 3인칭 관점으로 전환합니다.

급박한 상황에서는 세 블록 깊이의 구덩이를 파고 들어가 머리 위에 잔디 블록을 얹습니다. 잠시 동안은 안전할 수 있습니다.

전투 중 절벽으로 밀쳐졌을 경우 엔더 진주를 사용하여 텔레포트하거나, 물양동이를 이용하여 낙하를 늦출 수 있습니다.

여러분이 좁은 함정에 빠졌는데 뜨거운 물이나 용암이 흘러 들어온다면, 바로 앞 블록의 옆에 사다리나 알림판을 설치하여 흐름을 막을 수 있습니다. 이 방법들은 여러분이 현명한 탈출 전략을 생각하는데 필요한 시간을 벌어줍니다.

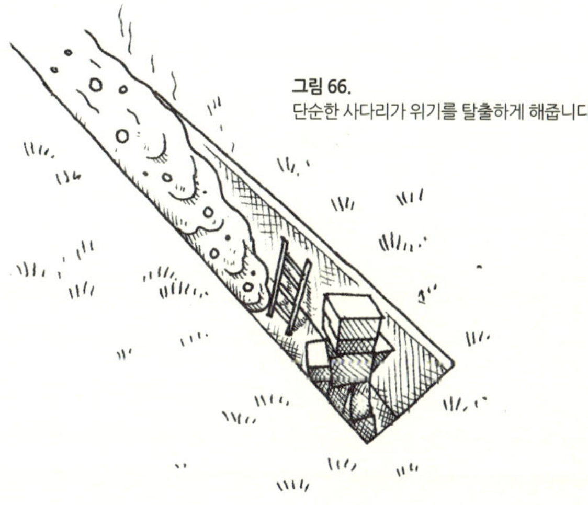

그림 66.
단순한 사다리가 위기를 탈출하게 해줍니다.

말을 타면 먼 거리를 더 빨리 이동할 수 있으며, 울타리 같은 낮은 장애물을 넘을 수 있습니나.

엔더 진주는 적의 맹공을 벗어나는데 사용할 수 있습니다. 신속의 물약 또한 위기를 신속하게 벗어날 수 있게 합니다.

이계 지배하기

네더는 용암과 매우 위험한 적대적 몬스터들로 가득 찬 끔찍한 곳입니다. 불행하게도, 이계는 오버월드의 세계에서 찾을 수 없는 온갖 진귀한 아이템들이 가득하기 때문에 여러분은 그곳을 피할 수 없습니다. 우리가 제안하는 전략을 사용하여 이계에 안전하게 머물며, 지옥의 존재들을 하나하나 정복해 봅시다.

가장 중요한 일들

도착하자마자 유리로 여러분의 네더 포탈을 빙 둘러치세요. 이렇게 하면 주위의 적대적인 몬스터들을 살필 수 있을 뿐만 아니라, 가스트는 유리 안쪽을 볼 수 없기 때문에 그들의 화염구로부터 포탈을 안전하게 보호할 수 있습니다.

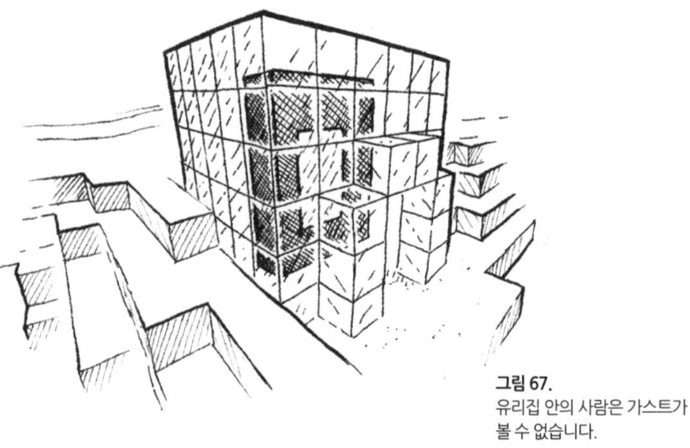

그림 67.
유리집 안의 사람은 가스트가 볼 수 없습니다.

네더에서 오랜 시간을 보낼 생각이라면, 비상시 퇴각할 수 있는 작은 피난처를 만드세요. 또한 네더 요새를 필요에 따라 개조할 수도 있습니다. 단순히 블레이즈 스포너를 없애고 외벽과 다리를 보강하고 보급품으로 채우는 것만으로 정말로 아늑한 공간이 될 것입니다.

네더 요새는 아주 방대하고, 길고 황량한 통로는 빛이 흐려서 모든 것이 희미하게 보입니다. 네더 요새를 탐사할 때, 횃불을 여러분이 진행하는 왼쪽 벽에 설치하면 주변을 둘러볼 수 있고, 이것들을 보고 다시 되돌아 올 수 있습니다. 적대적인 몬스터와 마주칠 수도 있으므로 모퉁이를 돌 때는 신중에 신중을 기하세요.

좀비 피그맨

위협 레벨 :	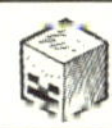 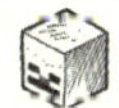	보통

물리치기 위한 전략:

네더의 많은 절벽 중 한 곳에 밀어 떨굽니다.

모래나 자갈을 사용해 질식시킵니다.

TNT로 폭파시킵니다. 이 방법은 무리를 대상으로 할 때 좋습니다.

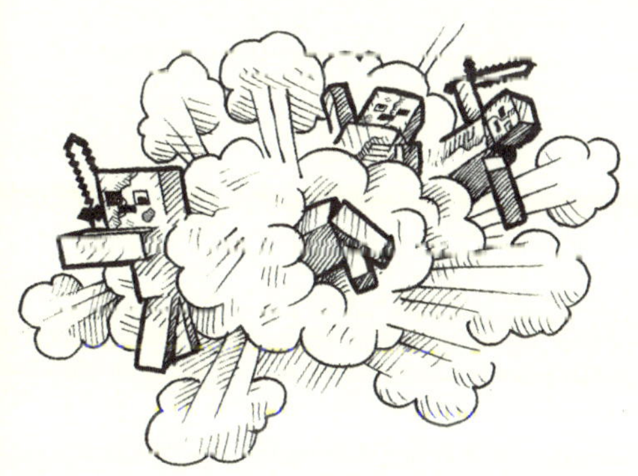

그림 68.
글쎄요. 너무 경솔하군요.

용암은 고려하지 마세요. 좀비 피그맨은 불을 기반으로 하는 공격에 면역이 있습니다. 세 블록 높이의 기둥에 서서 위에서 그들을 대적합니다.

블레이즈

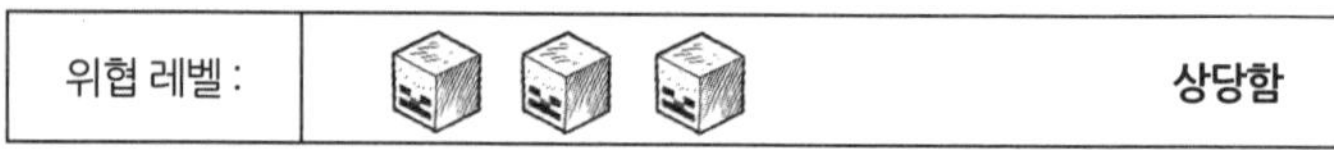

위협 레벨 :		상당함

물리치기 위한 전략:

계단 꼭대기에 있는 스포너의 위치를 이용하세요. 계단의 꼭대기에 있는 스포너의 위치를 이용하여 공격하는데 필요한 반 블록만큼의 틈을 남겨 두고 계단을 막고, 블레이즈가 여러분에게 다가오기를 기다립니다.

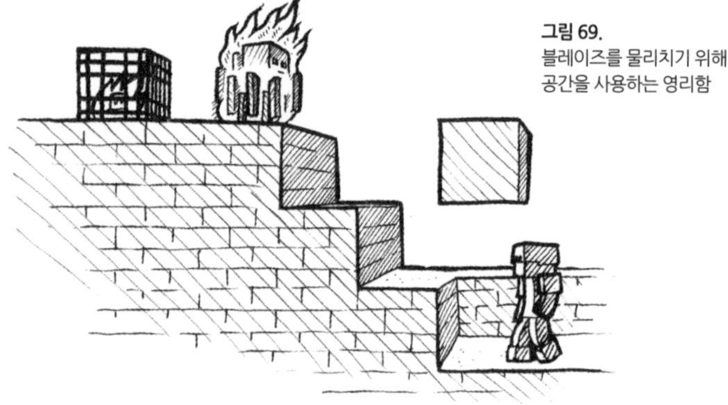

그림 69.
블레이즈를 물리치기 위해
공간을 사용하는 영리함

화염 저항 포션을 마십니다.

눈덩이를 던져 공격합니다.

또는, 그들을 향해 낚싯대를 던져 걸어서 여러분 쪽으로 끌어 당긴 후, 인챈트된 다이아몬드 검으로 마무리합니다.

가스트

위협 레벨 :	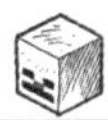 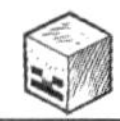 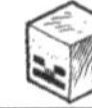	상당함

물리치기 위한 전략:

가능하면 이들을 상대할 때는 그 크기를 이용하여 네더의 막힌 공간이나 코너에 가두고 인챈트된 다이아몬드 검으로 마무리합니다.

낚싯대에 걸어 당겨서 검으로 마무리합니다.

블록이 벽 뒤에 숨어서 가스트 측면을 활과 화살로 공격합니다 가스트는 여러분을 볼 수 있는 경우에만 불덩어리를 발사합니다.

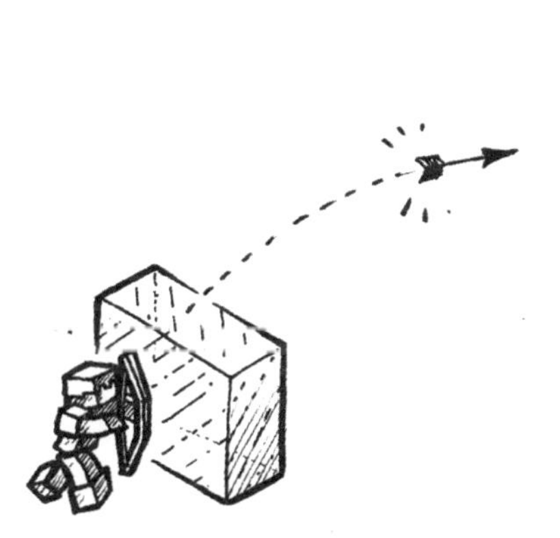

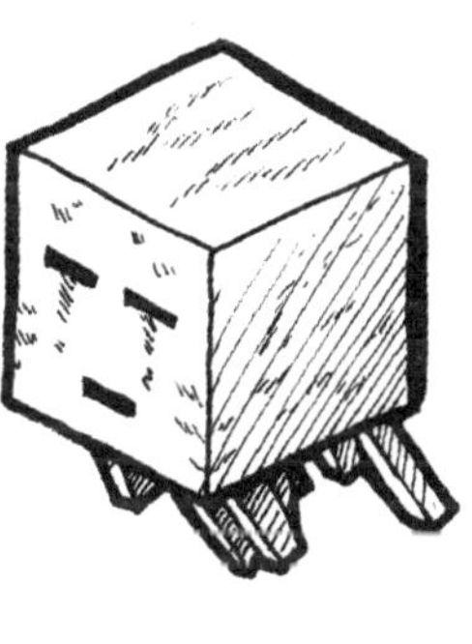

그림 70.
벽은 가스트와의 전투 중에 방패로
사용될 수 있습니다.

<u>**위더 스켈레톤**</u>

위협 레벨 :	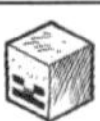 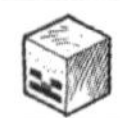 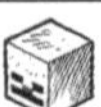	**상당함**

물리치기 위한 전략:

두 블록 높이의 공간에 자신을 밀어 넣고 그들의 다리와 몸통을 향해 무기를 휘두릅니다. 그들은 여러분이 있는 곳으로 따라 들어올 수 없습니다.

세 블록 높이의 기둥에 서서 인챈트된 검으로 공격합니다.

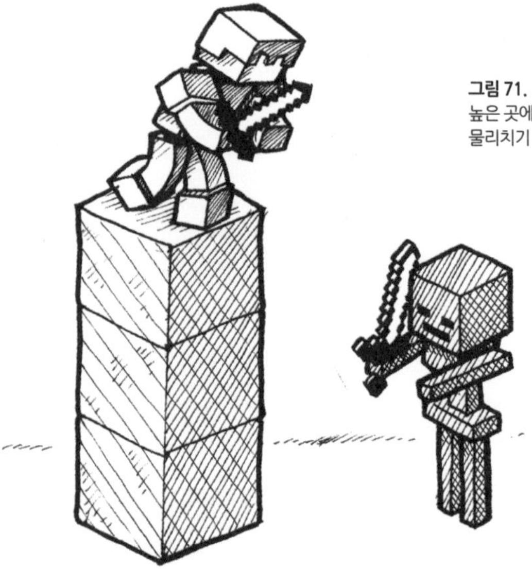

그림 71.
높은 곳에 올라 위더 스켈레톤 물리치기

TNT로 날려 버리세요.

<u>마그마 큐브</u>

위협 레벨 :	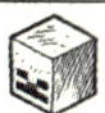 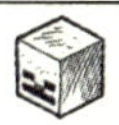 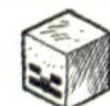	상당함

물리치기 위한 전략:

높은 곳으로 가서 활과 화살로 공격합니다.

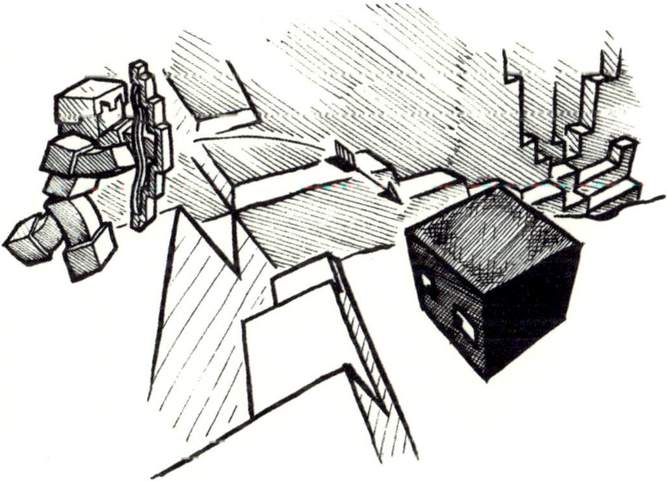

그림 72.
현명하게도 높은 곳에서 마그마
큐브를 향해 활을 쏘는 플레이어

밀치기 인챈트된 검으로 그들을 때려서 협곡으로 밀어 떨어뜨립니다.

자, 여러분은 네더가 나쁘다고 생각하시나요? 세상의 끝인 네더는 여러분이 지금까지 가보지 못한 가장 위험한 곳이지만, 엔더 드래곤을 물리치기만 한다면 보상 또한 가장 큽니다. 드래곤은 수 많은 사람들이 정복하고자 시도했지만 대부분이 실패한 궁극의 적대적인 몬스터입니다. 우리는 그들 중 성공한 몇 안되는 사람들입니다. 따라서 여러분도 직접 성공해보고 싶다면, 지금부터 이후 몇 페이지에 걸친 내용을 세심하게 살펴 보아야 할 것입니다.

가장 중요한 일들

엔드에는 또한 엔더맨이 살고 있습니다. 여러분은 호박을 머리에 쓰고, 자신의 모든 집중력을 모으고, 눈은 지면을 주시해야 합니다.

좀더 많은 무기를 만들 수 있도록 작업대, 용광로 그리고 상자를 배치한 지하 벙커를 만드는 것이 좋습니다.

전투가 여러분이 원하는 대로 흘러가지 않을 때를 대비하여 비상 대피소를 만들 수 있도록 가능한 많은 흑요석을 가지고 계세요.

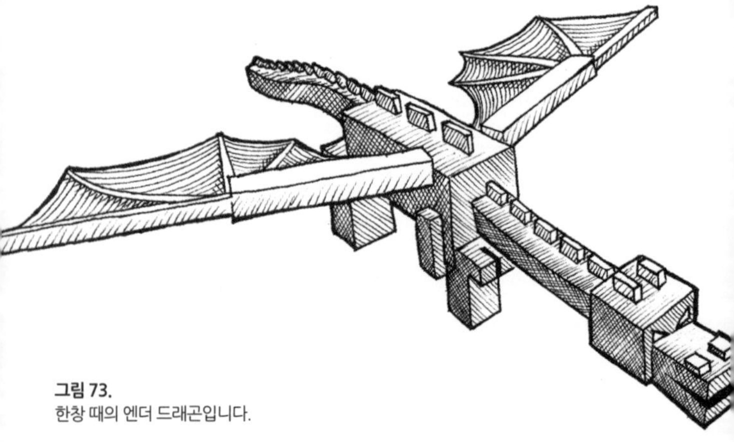

그림 73.
한창 때의 엔더 드래곤입니다.

엔더 드래곤

위협 레벨 :	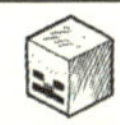 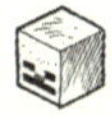 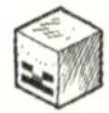 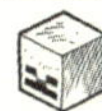 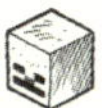	**치명적임**(보스몹)

엔더 드래곤은 목표물에 폭염의 불덩어리뿐만 아니라 용의 숨결을 발사합니다. 용의 숨결은 상대에게는 최악의 공격으로, 모든 것을 녹이고 부패시키는 산성 물질입니다.

물리치기 위한 전략:

우선 크리스탈을 파괴합니다. 크리스탈은 철창으로 둘러싸여 기둥의 꼭대기에 있습니다. 이 철창은 화살로 파괴되지 않기 때문에, 여러분이 직접 기둥을 기어 올라가야 합니다. 사다리를 사용하거나, 진흙 블록을 사용하여 탑과 나란히 또 다른 기둥을 만듭니다. 이때 기둥을 만드는 블록은 여러분이 부수면서 다시 내려올 때 쉽게 부서지도록 진흙 같은 블록을 사용합니다.

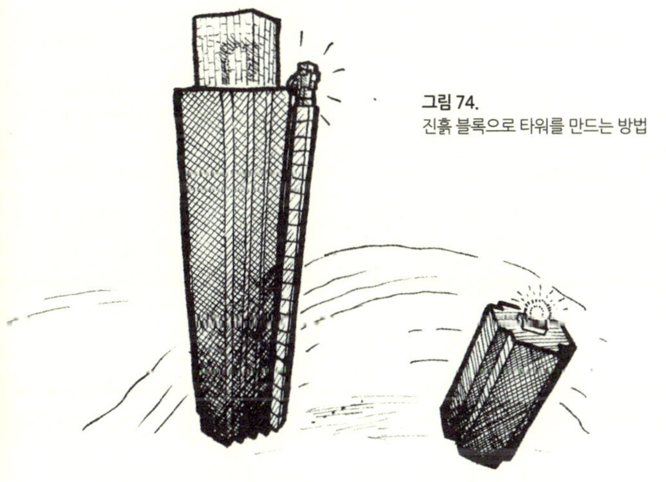

그림 74.
진흙 블록으로 타워를 만드는 방법

엔더 드래곤은 본능적으로 기둥을 보호하기 위해, 여러분이 기어오르기 시작하면 강하 공격을 할 것입니다. 기둥의 꼭대기에 도착하여 일단 크리스탈을 파괴하였다면, 꼭대기에서 서성거리지 마세요. 여러분이 더 높은 지점을 선점해 유리할 것이라 생각할 수 있지만, 엔더 드래곤이 여러분을 밀치기라도 한다면 생명이 위험할 정도로 체력 포인트를 잃게 될 것입니다. 절대 그래서는 안됩니다.

엔더 드래곤이 기둥의 중간에 있는 단으로 내려온다면 일이 잘되고 있는 것입니다. 만일 그렇게 된다면 인챈트된 활과 화살을 꺼낼 때가 된 것입니다. 될 수 있으면 몸통보다는 머리를 겨누세요. 그것이 더 큰 데미지를 줄 수 있습니다.

자 이제, 놀라운 사실을 공개하려 합니다. 엔더 드래곤을 마무리하기 위해 우리가 선택한 무기는 변변치 않아 보이는 침대입니다. 침대는 여러분이 네더나 엔드에서 누워 자려고 하면 폭발하도록 설계되었습니다. 따라서, 전략적으로 중요한 순간에 땅 위에 침대 하나를 배치해놓고 잠을 자려고 시도해보세요. 그러면 용의 면전에서 바로 폭발할 것입니다. 이것은 TNT 폭발보다 더 많은 피해를 줄 것이기 때문에, 여러분도 함께 날아가 버리지 않기 위해서는 침대와 여러분 사이에 폭발을 흡수할 흑요석을 배치해야 합니다. 용을 완전히 끝장내기 위해서는 몇 개의 침대가 더 필요하므로 침대 재료가 충분한지 확인하세요. 아마 10개 정도가
필요할 것입니다.

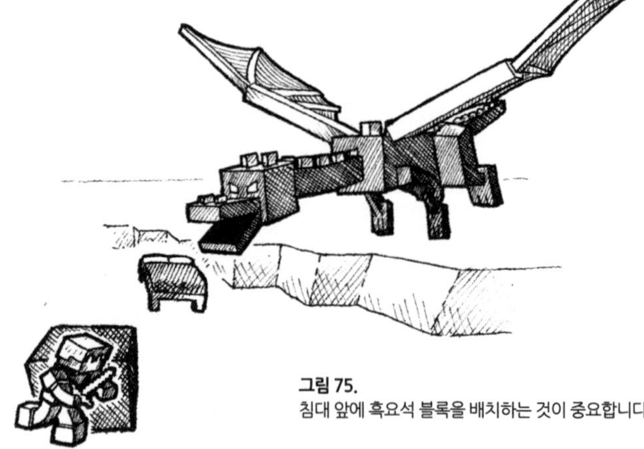

그림 75.
침대 앞에 흑요석 블록을 배치하는 것이 중요합니다.

일단 엔더 드래곤을 해치우고 나면 엄청난 양의 경험치 포인트와 탐스러운 용의 알 트로피를 보상으로 받을 것입니다. 트로피는 채굴하지 마세요. 피스톤을 사용하여 알을 트로피 대에서 밀어내되, 알이 포탈로 빠지는 것을 막기 위해 먼저 포탈을 덮어 두세요.

최근 우리는 한번 엔더 드래곤을 물리치고 나면 엔더 드래곤을 리스폰할 수 있다는 것을 알게 되었습니다. 네 개의 엔더 크리스탈을 만든 후, 엔드 출구 포탈의 각 측면에 하나씩 배치하면 엔더 드래곤이 여러분의 세상으로 날아 옵니다.

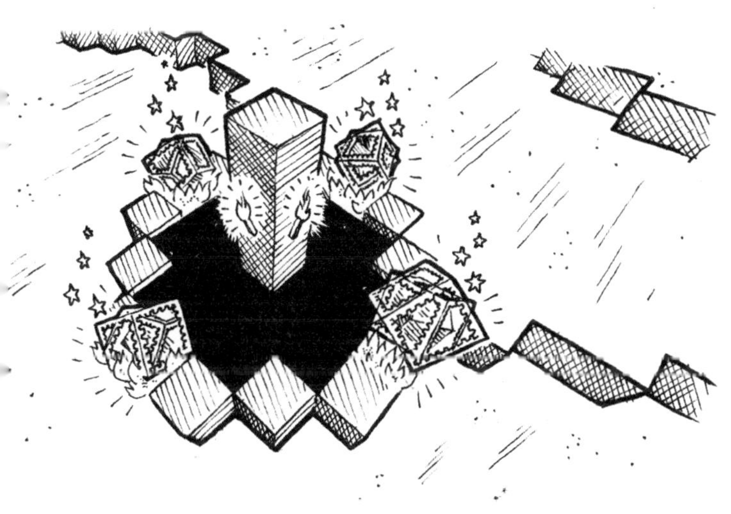

그림 76.
두 번째 라운드를 위해 엔디 드래곤을
소환하는 방법

엔드 탐험

엔드는 매우 광대하고 탐험을 할 수 있는 많은 다른 섬들이 있습니다. 엔더 드래곤을 물리친 승리는 엔드 탐험의 시작일 뿐입니다.

엔드 게이트웨이(이 출구는 엔더 드래곤을 물리치면 나타납니다)는 높이와 폭이 한 블록이라 이것을 통해 여행을 하기에는 충분한 크기가 아니라는 사실에 여러분은 당황하게 될 것입니다. 엔더 진주를 그 곳을 통해 던져 넣어 바깥 섬으로 트랜스포트 할 수 있습니다.

여러분이 바깥 섬을 탐험하기 위해서는, 여러분의 포탈 위치에 추적을 위한 표식(예를 들면, 횃불 또는 조약돌 블록)을 남겨두세요. 바깥 섬들은 거기가 거기 같아서 길을 잃기 쉽습니다.

바깥 섬들에서 발견할 수 있는 엔드 도시들은 공중을 활강할 수 있게 해주는 겉날개, 장식용의 발광 아이템인 엔드 막대기 같은 귀중한 자원들의 산실입니다. 전리품을 찾기 위해 발견하는 모든 타워를 탐험해보세요.

탐험 시 주의하세요. 엔드 도시들에는 적대적인 셜커들이 돌아다닙니다.

<u>셜커</u>

위협 레벨 :	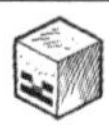 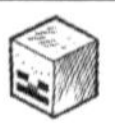 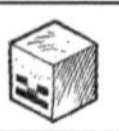 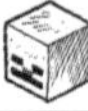	**심각함**

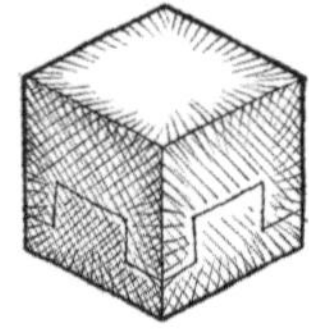

그림 77-1.
닫힌 셀에 있는 셜커

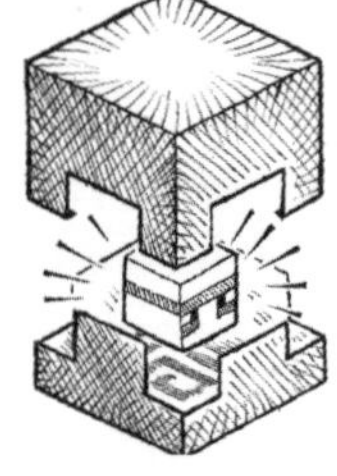

그림. 77-2.
열려있는 셀에 있는 셜커

셜커(또는 셸 러커) 들은 주변의 것들과 조화를 이루어 쉽게 여러분을 놀라게 하는 작고 성가신 생물입니다. 단단한 겉의 셸은 내부의 생명체를 보호하며, 텔레포트 능력도 가지고 있습니다.

그들은 심장 두 개 수치만큼의 데미지를 가하고 공중 부양 효과를 가하는 목표를 추적하는 발사체를 쏩니다. 위험한 효과처럼 보이지 않을 수도 있지만, 갑옷을 입지 않은 상태에서 몇 블록 높이에서 떨어지게 되면 죽을 수도 있습니다.

조심하면 공중부양 효과를 잘 이용할 수도 있습니다. 섬 사이의 공간을 날아서 새로운 위치로 쉽고 빠르게 통과할 수 있습니다.

물리치기 위한 전략:

셜커의 발사체를 검으로 해치웁니다.

셜커는 그들의 셸이 열려있을 때 더 많은 피해를 입기 때문에, 껍질이 열려 하얀색 생명체가 셸 밖으로 모습을 드러낼 때 치명적인 공격을 가하세요.

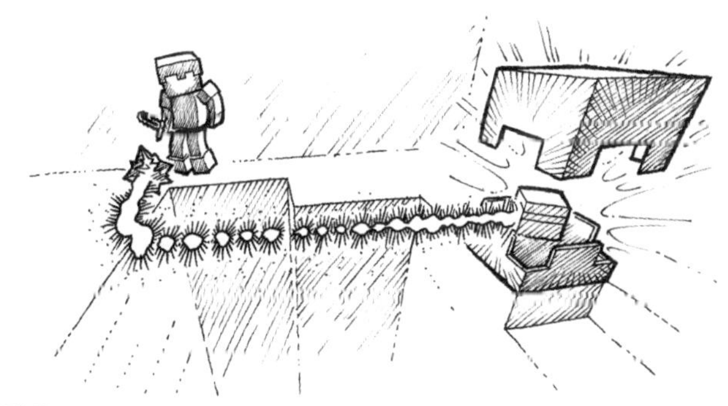

그림 78.
플레이어가 다이아몬드 검으로 능숙하게
셜커이 발사체를 해치웁니다

난이도 높은 도전
빨리 게임 클리어하기

자, 지금까지 여러분은 소중한 비밀을 많이 배웠습니다. 이제 여러분 스스로 게임 클리어 기록을 깨는 도전을 할 준비가 되었습니다. 마지막 선물로 최단 시간에 궁극의 임무를 완료하기 위한 우리의 전술을 알려 드리겠습니다.

이 미션을 팀으로 시도할 경우에는 다음 페이지들의 목록에 있는 작업들을 나누어 분담하되, 모든 구성원들이 무기와 침대를 충분히 가지고 있어야 합니다.

장비

철 삽	가위
철 곡괭이	활과 화살
철 도끼	황금 사과
부싯돌과 철	최소 4개의 침대
보트	에메랄드
다이아몬드 검	엔더의 눈
다이아몬드 곡괭이	흑요석

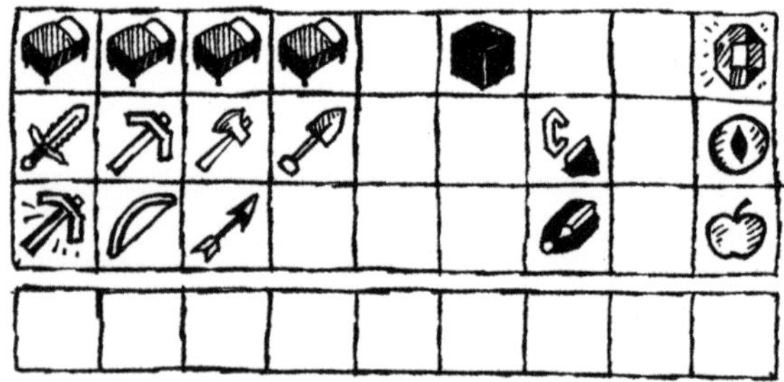

그림 79.
시간 기록 깨기를 위한 인벤토리

전략

이상적으로는 마을과 가까운 근처의 열린 동굴 시스템과 요새에서 시작해야 합니다. 그러면, 부싯돌(골목들은 흔히 자갈로 만들어져 있습니다), 도구와 무기, 갑옷, 사과, 다양한 광석 덩어리 그리고 흑요석(마을의 상자에서 찾을 수 있습니다)을 포함한 몇몇 필요한 재료들을 근처에서 얻을 수 있습니다.

여러분은 신속하게 이동해야 합니다. 달리면서 점프하여 속도를 올리고 이동 중에 식재료들을 모을 수 있습니다. 부싯돌과 철을 이용하여 동물들을 죽이면 먹기에 알맞은 익은 고기를 떨굴 것입니다.

물로 이뤄진 넓은 곳을 가로질러아 할 때면 더 빠르게 이동할 수 있도록 보트를 이용해야 합니다.

지역 주민들을 친구로 만드세요:

갈색 앞치마를 입은 화살 제조인은 활과 화살을 거래합니다. 하지만 갈색 앞치마를 입은 마을 주민이 모두 화살 제조인은 아니므로, 화살 제조인을 찾기 위해서는 몇 번의 거래를 시도해야 할 것입니다.

보라색 앞치마를 입은 점원은 세 번째 거래에서 에메랄드와 엔더의 눈을 거래합니다. 이 세 번째 거래를 하기 위해서는 먼저 두 번의 거래를 선행해야 합니다.

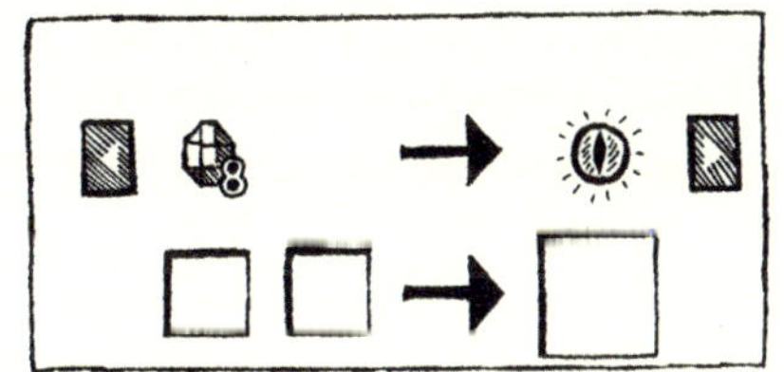

그림 80.
점원의 세 번째 거래 화면

몇 마리의 양을 찾으세요. 마을 경계에서 주변을 어슬렁거리는 양들을 흔하게 발견할 수 있습니다. 가위를 만들기 위해서는 두 개의 철괴가 필요합니다. 가위로 양들로부터 양털을 얻을 수 있고 이것으로 침대를 만들 수 있습니다.

여러분은 최대한 빨리 네더에 도착해야 합니다. 이번 단계에서는 포탈에 필요한 충분한 흑요석을 가지지 못할 수 있지만, 용암 블록에 흐르는 물로 흑요석을 만들 수 있습니다. 마을 외각의 대장장이 용암을 사용하거나 지표면의 용암 지대를 찾아 그 옆에 폭포를 만듭니다. 이렇게 만든 흑요석을 캐기 위해서는 다이아몬드 곡괭이가 필요하다는 것을 기억하세요.

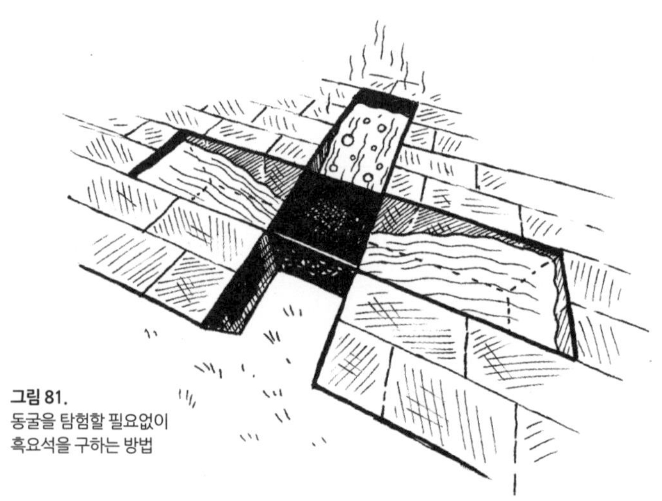

그림 81.
동굴을 탐험할 필요없이
흑요석을 구하는 방법

일단 네더에 가면, 소울 샌드 해변을 가로지르기 위한 디딤돌을 만들기 위해 조약돌을 사용하세요. 아시다시피, 소울 샌드 위를 걸을 때면 속도가 매우 느려지게 됩니다.

네더의 숲을 찾아 블레이즈 스포너로 향합니다. 계단을 막고 반 블록 차이의 틈을 통해 블레이즈를 공격합니다(78 페이지를 참고하세요).

네더에서의 한 블록은 오버월드에서 여덟 블록과 같기 때문에 여러분이 마을에서 멀리 나와 오버월드의 요새로 이동할 때는 네더를 지름길로 이용할 수 있습니다.

요새로 가세요. 그리고 엔드 포탈 룸을 찾는 동안 보이는 모든 상자를 확인하세요. 행운이 함께 한다면 요새의 어느 상자 안에서 엔더의 눈을 찾을 수 있을 것입니다. 이것은 포탈을 활성화하는데 필요합니다.

요새의 도서관을 지나게 되면, 거미줄을 부셔서 여분의 활을 만들 수 있는 줄을 비축하세요.

포탈을 활성화하는데 필요한 열두 개의 눈 중 나머지를 수집하기 위해서는 엔더맨 **몇몇을 물리쳐야** 합니다.

일단 포탈 룸에 다다르면, 비어있는 포탈 슬롯을 엔더의 눈으로 채우세요(몇몇은 이미 채워져 있을 것입니다).

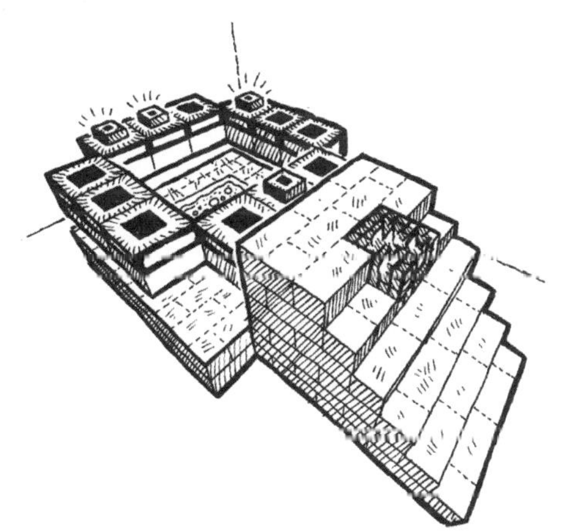

그림 82.
불완전한 엔드 포탈

엔드에 도착하면, 엔더 드래곤을 물리치기 위해 앞서 얘기한 지침을 따르세요. 자랑은 아니지만, 우리는 오직 4개의 침대를 사용하여 엔더 드래곤을 물리쳤습니다. 이쯤 되어야 생존자라고 할 수 있죠.

<u>기록장</u>

VERBA
VOLANT
SCRIPTA
MANENT

말은 잊혀지지만 글은 영원하다.

마지막 노트

나는 여러분이 우리의 소중한 비밀의 책을 발견하고 많은 새로운 생존자 전략을 배울 것이라 믿습니다. 우리의 지식이 다른 가치있는 사람에게 전달되기 위해서는, 자격을 갖춘 다른 생존자가 찾을 수 있도록 어딘가 새로운 장소에 이 책을 숨길 필요가 있습니다.

여러분 만의 기록을 위해 이후 몇 장의 빈 페이지를 남깁니다. 잘하면 여러분이 다음 독자에게 자신만의 몇 가지 트릭을 가르치게 될 수도 있을 것입니다.

이제 우리가 할 수 있는 남은 일은 당신의 모험에 행운을 기원하는 것입니다. 하지만 이 비밀들을 잘 지니고 시작한다면, 더 이상 행운은 필요하지 않을 것입니다.

적대적인 몬스터를 제거할 새로운 방법을 찾았나요? 이 책의 나머지 장에 기록을 남기세요.

95

여기에 여러분의 기발한 발명품을 기록하세요.

마지막 노트

최고의 PVP 기술에 대한 기록을 남기세요.

최고의 PVP 기술에 대한 기록을 남기세요.

기지에 대한 훌륭한 방어 시스템을 고안했나요? 여기에 기능을 설명하고 그림을
남기세요.

마지막 노트

네더와 엔드 세계에 대한 여러분의 최선의 전략을 기록하세요.

여러분의 가장 영리했던 습격 전술은 무엇입니까?

여러분의 가장 영리했던 습격 전술은 무엇입니까?

마지막 노트

여기에 가장 성공적이었던 함정을 설명하고 그려보세요.

마지막 노트

여러분 팀의 가장 인상적인 승리를 설명해 보세요.

마지막 노트

여러분의 최고의 개인전 승리는 무엇입니까?

여러분의 최고의 개인전 승리는 무엇입니까?